ちくま新書

これが答えだ！　少子化問題

赤川 学
Akagawa Manabu

1235

これが答えだ！　少子化問題【目次】

はじめに

ここ数年、少子化対策は新たな展開をみせている。
まず2014年6月、東京大学客員教授・増田寛也氏が主宰する日本創成会議・人口減少問題検討分科会が公表した「ストップ少子化・地方元気戦略」(通称「増田レポート」)や、数ヶ月後に出版されてベストセラーとなった『地方消滅』(中公新書、2014)が、その後の少子化対策にも大きな影響を与えたことは記憶に新しい。同年9月には、第2次安倍晋三内閣にまち・ひと・しごと創生本部が設置され、地方創生担当大臣が任命されている。

増田レポートによると、2025年までに希望出生率1・8を実現したうえで2035年から50年までに2・1という基本目標を達成できなければ、人口は減少の一途をたどり、20〜39歳女性が現在の半分以下になる自治体、すなわち「消滅可能性都市」が全体の49・8%(896自治体)に達するという。「地方消滅・自治体消滅」という警句のどぎつさもさることながら、人口政策・少子化対策と地方活性化対策とが組み合わせて立案されたところに、新しさがあったとはいえる。

このレポートはその後も政権与党に影響を与え、2015年10月の一億総活躍社会プランでは、達成目標として「2025年までに希望出生率1・8」が掲げられることになった。出生率の目標設定がなされるのは、戦後初のことである。

他方、2016年に入ると、二つの発言が注目を集めた。

一つは、2016年2月、保育所の入所選考に落ちた（とされる）世田谷区の女性が、ブログで書いた「保育所落ちた！　日本死ね」という発言である。この発言からわずか数日後、野党議員がこの発言を取り上げて待機児童問題として問題化しはじめ、当初は「本当か確認しようがない」と冷ややかに対応していた安倍晋三内閣総理大臣も、待機児童を減らすため、「政権交代前の倍のスピードで受け皿作りを進めている。保育士の待遇改善にも取り組みたい」と発言を変化させていった。

もう一つは同月、大阪市立の中学校長が全校集会で、女子学生に「女性にとって最も大切なことは（仕事をするより）子どもを2人以上産むこと」と発言して問題になり、同市教育委員会が「不適切な発言」と懲戒処分を検討していると報じられた。2014年6月にも、東京都議会で発言中の女性議員に対して「早く結婚しろ！」「子どもは産めないのか！」といった野次が飛んだが非難囂々《ごうごう》、野次を発した議員が正式に謝罪する事件が起こっていたが、この校長の発言もまた、男女共同参画に抵触する、半ばセクハラ的な発言として非難されている（もっとも、この校長は男子学生に対しては「子育ては、必ず夫婦で助け合いながらするものです。女性だけの仕事ではありません」と述べているが、こちらは全く問題視されていない。これもまた、子どもをもつ予定のない男子学生にとっては「余計なお世話」に違いないが……）。

しかし、考えてみればおかしなことである。一国の政策として掲げられている「希望出生率1・8」という目標値は、実のところ、日本のように高齢化率の高い国では、女性が生涯に産む子ども数の平均値として、ほぼ最大だという説もある（松谷明彦・藤正巌『人口減少社会の設計』中公新書、2002）。それが正しいとすると、国としては、若い世代の男女に、「結婚して、子どもを2人以上産んでください」と求めているに等しいことになる。大阪の校長発言が生徒に対するセクハラだというのならば、内閣総理大臣や所管の担当大臣が国民に「結婚しろ、子どもを2人以上産め」と要請することもまた、国家規模のセクハラであるといわなければ、筋が通らない。

他方、「保育所落ちた！　日本死ね」という発言は、本人が保育サービスという、一種の利権にありつけなかったという理由で、他の国民には「死ね」というわけだから、情状酌量の余地のない暴言、あえていえば民族抹殺のヘイトスピーチといわれても仕方ないだろう（たとえ腹立ちまぎれとはいえ）。佐藤優氏によると、これほどの暴言が与野党双方から論じるに値すべき発言として取り扱われたのは、憲政史上初のことらしい。

このように、現在の少子化問題をめぐる言説の光景は、奇妙な形でバイアスがかかっている。「保育所増やせ」という福祉的な政策は誰からも支持されるが、「女性は２人以上子どもを産め」という発言は男女共同参画に抵触するとして「炎上」する。逆に、「希望出生率」という国家規模のセクハラ政策をほとんど誰も問題にしていない。

むろん、反論はあるだろう。これらの光景の背後にあるのは国民の「希望」であって、結婚したくてもできない、子どもを産みたくても産めない男女がその希望を実現できるようにするのは政府の役割である、と。国民は「結婚しろ、子どもを産め」と直接いわれることをセクハラと感じるし、「保育所を増やせ、待機児童をなくせ」という政策には何の問題も感じない。そうした国民の希望を実現させていけば、出生率は徐々に回復するはずである、と。

しかし、である。そのように思った人こそ、本書を最後まで読んでいただきたい。

本書がこれから論じるのは、「**地方創生、一億総活躍など、出生率の低下に歯止めをかけることを目的とする政策が、国民の希望を叶えようとすればするほど、少子化対策としての実効性を期待できなくなる**」というパラドクスである。残念なことに、というべきか、これも日本国民のさだめ、というべきか、現在の日本では、政府が社会福祉的な少子化対策を行えば行うほど、それらのサービスを受け取る可能性がある若い世代の男女が政府に期待・要求する水準を高めてしまい、その結果、現状の政策に不満をもち、子どもを産むという行動につながらない可能性が高い。少なくともそのような前提をおかない限り、四半世紀以上にわたり、国家総動員で巨額の税金を投入してきたはずの少子化対策が、ほとんど効果を上げていないという事実を説得的に説明できない。

これは経済学や政治学を学んだ人にとっては、違和感のある言明かもしれない。結婚や出産にインセンティヴを与えれば、若い男女は結婚や出産する確率が高まるはずというのが、彼らの「常識」だからだ。しかし、『ど根性ガエル』の町田先生ではないが、「社会学生活25年！」に達した筆者は、彼らの「常識」にさまざまなデータと理論を用いて挑戦してみたい。あえていえば、「常識の非常識的基礎」に触れるような議論を展開してみたいと思うのだ。

その試みが成功しているかどうかの判断は、最後まで読み通してくださった読者諸氏に委ねたい。少子化問題に対して、「これが答えだ！」といえるような最終的な解答を提案できるかどうかは、現時点では定かでない。しかし、できるだけ多くの読者が、本書がこれから遂行する思考実験の旅におつきあいくださることを願っている。

序・章

「希望出生率」とは何か?

†安倍首相が掲げた「希望出生率1・8」

2015年9月、安倍晋三首相が「一億総活躍社会」というスローガンを引っ提げて、アベノミクス「新三本の矢」として掲げた政策リストの中に、「希望出生率1・8」が含まれていたことは記憶に新しい。首相によれば、「誰もが、結婚や出産の希望を叶えることができる社会を、創り上げ」れば、「今1・4程度に落ち込んでいる出生率を、1・8まで回復できる」。そして「家族を持つことの素晴らしさが、【実感】として広がっていけば、子どもを望む人たちがもっと増えることで、人口が安定する【出生率2・08】も十分視野に入ってくる」というのである。

日本経済の命運を賭けたとされるアベノミクスの中に、少子化や出生率の問題が2番目に重要な政策として（第一の矢はGDP600兆円の達成、第三の矢は安心につながる社会保障の構築）盛り込まれたのは、驚くべきことである。多くのマスメディアはこれを、戦後初めて政府が出生率の目標を公式に掲げたものとして報道した。あるメディアによれば、2020年代の半ばまで、つまり今から10年後までには、首相はこの目標を達成するつもりであるという。[1]

このときの記者会見で安倍首相が語った言葉は、これまでの、そしてこれからの少子化対策を考える上でかなり興味深いものであった。少し長くなるが、該当する部分を引用させていただく。

> 第二の矢は、「夢」を紡ぐ「子育て支援」であります。
> そのターゲットは、希望出生率1・8の実現です。
> 多くの方が「子どもを持ちたい」と願いながらも、経済的な理由などで実現できな

1――このようにデフレを脱却し、経済成長を目指す政策は、基本的には首肯できる。その理由として筆者が重視するのは第一に、持続的な名目経済成長は年金や子育て支援などの社会保障（盛山和夫『年金問題の正しい考え方』中公新書、2007）や安全保障の安定的存続可能性を高めること、第二に、年間自殺者数を数千人レベルで減らすことができること、第三に、人口減少が進む中でも経済成長を続けることができれば1人あたりのGDPは増加すること、がある。ちなみに人口減少は必ずしもデフレやマイナス成長につながるわけではない（高橋洋一『「借金1000兆円」に騙されるな！』小学館101新書、2012。高橋洋一『数字・データ・統計的に正しい日本の針路』講談社+α新書、2016を参照）。たとえば人口減少下でも2000年代のロシアは高成長を達成している（三橋貴明『図解　逆説の経済学』遊タイム出版、2013を参照）。ただし経済成長や資本主義を前提としたシステムを今後も維持すべきか、それとも経済成長を前提としない定常型社会（広井良典『人口減少社会という希望』朝日新聞出版、2013）を選ぶべきかについては、本書では付随的に論じるに留める。

い残念な現実があります。

待機児童ゼロを実現する。幼児教育の無償化も更に拡大する。三世代の同居や近居を促し、大家族で支え合うことも応援したいと思います。さらに、多子世帯への重点的な支援も行い、子育てに優しい社会を創り上げてまいります。

「子どもが欲しい」と願い、不妊治療を受ける。そうした皆さんも是非支援したい。「結婚したい」と願う若者の、背中を押すような政策も、打っていきたい。誰もが、結婚や出産の希望を叶えることができる社会を、創り上げていかなければなりません。

そうすれば、今1・4程度に落ち込んでいる出生率を、1・8まで回復できる。そして、家族を持つことの素晴らしさが、「実感」として広がっていけば、子どもを望む人たちがもっと増えることで、人口が安定する「出生率2・08」も十分視野に入ってくる。少子化の流れに「終止符」を打つことができる、と考えています。

教育再生の主役は、「子どもたち」であります。

同じ子どもは、一人として、いません。個性はそれぞれ違います。社会の価値観も多様化しています。そうした時代にあって、教育制度の複線化は不可欠です。

いじめや発達障害など、様々な事情で学校に通えない子どもたちには、フリースクールなど多様な場で、自信を持って学んでいけるような環境を整えます。

子どもたちの未来が、家庭の経済事情によって左右されることがあってはなりません。奨学金を拡充し、希望すれば、誰もが、高校にも、専修学校、大学にも進学できる環境を整えます。ひとり親家庭の支援も充実し、子どもの貧困の問題に取り組みます。

子どもたちには、無限の可能性が眠っています。誰でも、本人の努力次第で、大きな「夢」を紡いでいくことができる。そうした社会をつくりあげていきたいと思います。[2]

傍線は筆者が引いたものだが、安倍政権が現時点で考える子育て支援（少子化対策）の理念や政策リストを象徴するものだと考えてよいだろう。これらの政策は多岐にわたるが、まず単純に、子どもが生まれるまでに必要な支援を「出生前支援」と呼び、子どもが生ま

2 ――「安倍晋三総裁記者会見」、https://www.jimin.jp/news/press/president/130574.html、2016年5月28日検索。

れてからの支援を「出生後支援」と呼ぶことにしよう。傍線を引いた政策群を多少強引にこの二つに分類してみると、以下のようになるだろうか。

†子育て支援策を検証する

○出生前支援……「子どもを持ちたい」と願いながらも、経済的な理由などで実現できない人への支援（経済的支援）、三世代の同居や近居、大家族で支え合う、不妊治療、「結婚したい」と願う若者の背中を押す（結婚支援）

○出生後支援……待機児童ゼロ、幼児教育の無償化、多子世帯への重点的な支援、教育制度の複線化、フリースクール、奨学金の拡充、ひとり親家庭の支援、子どもの貧困（解消）

子ども数を増やすという狭い意味での少子化対策とは、出生前支援のことと考えてよいだろう。これと比べると、出生後支援は子どもを産んだ人や生まれた子どもに対する支援であって、直接に子どもを増やす効果があるかどうかは必ずしも明らかではない。たしかに出生後支援がもう1人以上の子どもを産む確率を高めたり、他に子どもを産む人の出生

アベノミクス「新三本の矢」を唱える安倍晋三首相（AFP＝時事提供）

前支援になるという因果の経路が考えられないわけではない。しかしその効果は直接的とはいえないし、仮に存在するとしても出生率をどの程度、押し上げる効果をもつかは未知数である。あくまで間接的な環境整備と捉えるべきだろう。

　これらのリストを眺めてみて、今から10年以上前に『子どもが減って何が悪いか！』（ちくま新書、2004）という著作を世に問うて、賛否両論、異論反論、さまざまな物議を醸した筆者としては、いささかの安堵の念と、若干の違和感を、同時に感じたのであった。

　まず「安堵の念」としては、女性の労働力率向上、仕事と育児の両立促進、男性の家事・育児時間の増加、長時間勤務の解消、働く男女の雇用安定（失業率や非正規雇用の解消）といった、10年前なら「男女共同参画」とか「ワークライフバランス」という標語で呼ばれた政策群が、少なくとも言葉のうえでは消失していたことが挙げられる。これから本書前半で明らかにするように、これらの政策群には出生率向上に寄与する効果は殆どなく、子ども数を増やすという意味での「少子化対策」として実効性を確保するのは困難と思われる。

また男女共同参画やワークライフバランスは、少子化対策としての実効性とは無関係に必要であり、「少子化対策」として正当化されるべきものではない。ゆえに首相自らがそれについて言及しなかったことは、妥当な判断であると思われる。ただし安倍首相の演説に強く影響を与えた通称「増田レポート」（2014年）や、一億総活躍社会の具体的政策群には、依然としてこれらの政策が顔を出している傾向があり、注意を要する。

次に「若干の違和感」として挙げられるのは、ここには理念の異なる政策が混在しており、よくいえば総合的、悪くいえば総花的な政策になっていることである。なかでも気になるのは、10年後までに出生率を現在より約0・4高めることを目標としたときに、希望出生率を達成できない根本的な原因を読み違えているのではないかと思われることだ。

のちに述べるように、筆者は少なくとも現状のような少子化対策の傾向が継続するならば、出生率の十全な回復は難しいという見込みをもっている。多少の出生率向上があったとしても「焼け石に水」であり、少子高齢化や人口減少がもたらす弊害とされる経済成長の鈍化や、年金・医療・福祉制度の不安定化に対して、根本的な解決策になるものではない。それゆえ少子化や人口減少をいたずらに悲観するのではなく、あくまでこれらを前提としたうえで社会のしくみを整えていくべきだとの思いは変わらない。

そのような観点からみれば、先にみたアベノミクス「新三本の矢」のうち二本目として出された政策リストの中には、たとえ出生率の向上には殆ど何の役に立たなくても、国民の福利や幸福を高める素晴らしい政策が存在することは疑いえない。というより筆者は、ほぼすべてに賛成する。しかしこれらの政策目標を実現したところで、出生率が劇的に向上するとは考えにくい。のちに述べるように、ここにみられる政策群は、あくまでそれ自体の価値前提に基づいて評価されるべきであり、逆に少子化対策としての実効性という観点からは、多くの政策に「ダメ出し」せざるをえないであろう。

なぜ、そういえるのか。本書ではこれを検討していくことにする。

†あの説もこの説も「焼け石に水」!?

第1章では、10年ほど前には全盛で、現在も地方創生や一億総活躍の背景知になっていると思われる「女性が働けば、子ども数が増える」という説の妥当性について検討する。

通説とは裏腹に、国際比較の観点からも、国内比較（都道府県別の分析）の観点からも、社会調査を用いた個人・世帯単位の分析の観点からも、「女性が働きやすいから、子どもが生まれやすい」という因果関係は存在しないことを論じていく。前著『子どもが減って何が悪いか！』でも似たような分析を行った身の上としては、くどいようで申し訳ない気分もあるが、前著もようやく品切れになった（ただしKindleでは読める。Amazon.comの古本なら1円から買える）現在でも、結論に変わりはないことを確認しておく。

第2章では、「希望子ども数が増えれば子ども数が増える」、「希望子ども数や理想子ども数を増やすためにはさらなる男性の家事分担が必要」という説の妥当性について検討する。2000年代中盤から10年代前半にかけて行われたパネル調査をもとに、「夫の家事分担が、第2子出生確率を高める」という説が成り立たないことをイベント・ヒストリー分析という、統計学上きわめて有用な手法によって検証する。さらに希望子ども数や理想子ども数を増やす要因を探る研究や政策の危うさについても論じる。

第3章では、就労支援や収入支援によって男性を支援することが、子ども数を増やすかどうかについて検討する。少子化の要因の約9割は結婚しない男女の増加にあり、年収の高い男性や正規雇用の男性のほうがそうでない男性にくらべて結婚しやすいことは確かである。しかし女性が自分と同等かそれ以上の学歴の高い男性を結婚相手に求めるハイパガミー（女性上昇婚）やホモガミー（同類婚）が婚姻形態の主流であるという基本構造に変化がないかぎり、男性支援の効果は限定的で、少子化対策としては「焼け石に水」に終わる可能性が高いと論じる。

第4章では、経済成長や好景気、1人あたり（国内総生産）の増加に代表される「豊かさ」が子ども数を増やすかどうかを論じる。少なくとも第二次世界大戦後の日本に関する限り、経済成長が出生率を高めたという事実は存在しない（むしろデータはその逆の事実を示す）。また世界を見渡せば「豊かな国ほど出生率が低い」傾向があり、日本国内に限っても、世帯収入の低い女性の子ども数が多い（貧乏人の子沢山）という現象が確認できることを示す。またフランスやスウェーデンの少子化対策をそのまま日本に導入してもうまくいかないであろう理由を論じる。端的にいってフランスやスウェーデンと、日本やアジアとでは、ある変数（要因）に関して都市部と村落部の関係が異なっているからである。

第5章では、「豊かな国ほど出生率が低い」「都市部では出生率が低い」「世帯収入の低い女性ほど子ども数が多い」「歴史的には豊かな家庭ほど子ども数が多い」という、少子化をめぐる四つの基本的事実がどのようなメカニズムによって生起するかを、社会学者・

高田保馬《やすま》の少子化論を援用・定式化することによって説明する。

学問的には、この章が本書の中心的主張となる。

第6章では、地方創生や一億総活躍における政策を背後で支えた通称「増田レポート」が想定する少子化対策に対して、多くの効果を期待できない理由を論じる。その上で、これからの少子化対策や言説に必要とされる「心の習慣」について論じることとする。

なお本書では、統計や社会調査を批判的に検討する能力、すなわちリサーチ・リテラシーを高めることを隠れた目的としている。そのため、現場の調査者や統計学者が用いる専門用語をときおり用いるが、それらの用語の意味については本文中で適宜、説明を加える。図や表の意味についても、できるかぎり簡明に述べていくつもりである。数字や統計がどうしても苦手な読者は、数値の細かい部分は読み飛ばしてもらってかまわないが、そこで展開される論理の流れだけは、理解していただけるとありがたい。

それでは、しばらくお付き合い願いたい。

第1章

女性が働けば、子どもは増えるのか?

†高校の教科書にも登場する命題

序章では「安堵の念」として、女性の労働力率、仕事と子育ての両立支援、長時間勤務といった「男女共同参画」「ワークライフバランス」に関連する変数が、少なくとも表面上は政策のリストから消えていることを挙げた。

2000年代に入ってから、「女性の労働力率が高くなればなるほど、出生率も高くなる」という命題や言説は、少子化対策の文脈で大きな注目を浴びてきた。驚くべきことに、国際比較や都道府県別の比較に基づいて女性労働力率と出生率の相関関係（＝二つの変数の関連性）や、因果関係（＝女性労働力率が「原因」となって、出生率という「結果」に影響を与える関係）を論じる分析は、政府の白書や報告書のレベルだけでなく、高校生向けの地歴公民の副読本や、大学生以上が学ぶ社会調査や統計学の標準的教科書でも取り上げられるようになっている。[3]

筆者は『子どもが減って何が悪いか！』以降の論文・著作でも、この命題の妥当性を批判的に検討してきたので、[4]正直に申せば、本書ではこの議論にこれ以上紙幅を費やしたくないという思いはある。しかし残念なことながら、世の風潮はそう簡単に変わるものではないらしい。「地方創生」や「一億総活躍」を唱える文脈でも、少し仔細に目を凝らしてみれば、女性が働けば子どもは増えるといわんばかりの言説が目白押しなのである。

しかし厳密にいえば、女性が働くこと（統計上は女性労働力率などの形で示される）と子どもを産むこと（地域や国家の出生率として示される）の関連には、いまだ解かれざる謎が存在しているように思われてならない。本当にこの二つの変数は関連しているのか。あるいは、女性労働力率が高くなるから出生率も高くなるという因果関係を想定してもよいのか。このように問いかけるなら、社会調査のリサーチ・リテラシーという観点から、これらの変数のもつ関連について、それなりに論じておく必要があるように思われる。

3――熊谷悦生・船尾暢男『「R」で学ぶデータマイニングⅠ』オーム社、2008年。金井雅之・小林盾・渡邊大輔編『社会調査の応用』弘文堂、2012年。轟亮・杉野勇『入門・社会調査法：2ステップで基礎から学ぶ』法律文化社、2013年。

4――赤川学編「人口減少社会における選択の自由と負担の公平」『社会学評論』56(1)、20-37頁（日本社会学会、2005年。赤川学「人口減少社会の地域づくり」盛山和夫・上野千鶴子・武川正吾編『公共社会学2：少子高齢社会の公共性』東京大学出版会、235-252頁、2012年。

†「先進国では……」論法の罠

さて、女性労働力率と出生率の関係を表す統計学的根拠として、ここ10〜15年もっとも頻繁に使われてきたものの一つは、2005（平成17）年9月、男女共同参画会議・少子化と男女共同参画に関する専門調査会が公刊した「少子化と男女共同参画に関する社会環境の国際比較報告書」におけるグラフであろう。ここでは「OECD加盟国のうち1人あたりGDPが1万ドルを超える24ヶ国」を対象にして、女性労働力率と出生率の散布図が作られ（図1-1）、その関連はかなり強いものとされている（関連性の強さを示す指標の相関係数 r=0.55）。

このグラフを素直に信じれば、「先進国では、女性が働く（働きやすい）国ほど出生率が高い」ようにみえる。このようにOECDの「先進国」（1人あたりGDPが1万ドルを超える国）を対象とした分析は、その後も繰り返されている。この種の分析は一時下火になったようにも思えたのだが、近年、「一億総活躍」という政策の文脈でも、復調しているようでもある。

あまりくどくどと言いたくないのだが、この種の国際比較に伴う最大の問題は、どういう国をサンプルにするかの基準が恣意的であることだ。「先進国」の基準が、なぜ「1人あたりGDPが1万ドルを超える国」なのか。また、なぜ分析対象をOECDに限定するのか。これを「入手可能なデータの都合だ」という人もいるが、これだけ容易にいろいろ

図1-1　OECD加盟24ヶ国における15〜64歳の女性労働力率と合計特殊出生率（2000）

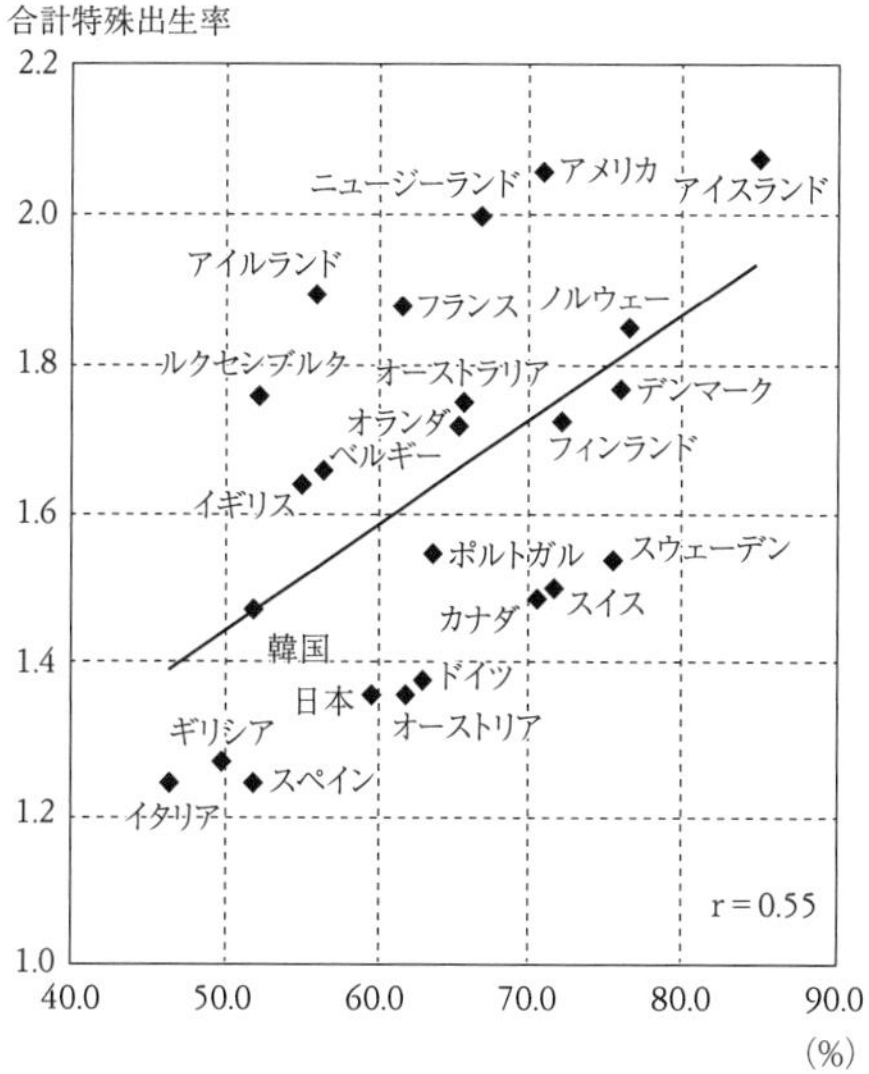

（資料）Recent Demographic Developments in Europe 2004, 日本：人口動態統計、オーストラリア：Births、No. 3301、カナダ：Statistics Canada、韓国：Annual report on the Vital Statistics、ニュージーランド：Demographic trends、U.S.：National Vital Statistics Report、ILO Year Book of Labour Statisticsより作成。

（注）女性労働力率：アイスランド、アメリカ、スウェーデン、スペイン、ノルウェーは、16歳〜64歳。イギリスは16歳以上。

出典：「少子化と男女共同参画に関する社会環境の国際比較報告書」2005（平成17）年9月、男女共同参画会議・少子化と男女共同参画に関する専門調査会
http://www.gender.go.jp/kaigi/senmon/syosika/houkoku/pdf/gaiyouban.pdf

な統計が入手できる現代において、その言い訳は苦しい。

とりあえず２０１０年の統計をもとに、この種の統計を批判的に再検討してみよう[5]。

図 1-2　OECD 34 国の出生率と女性労働力率（2010）

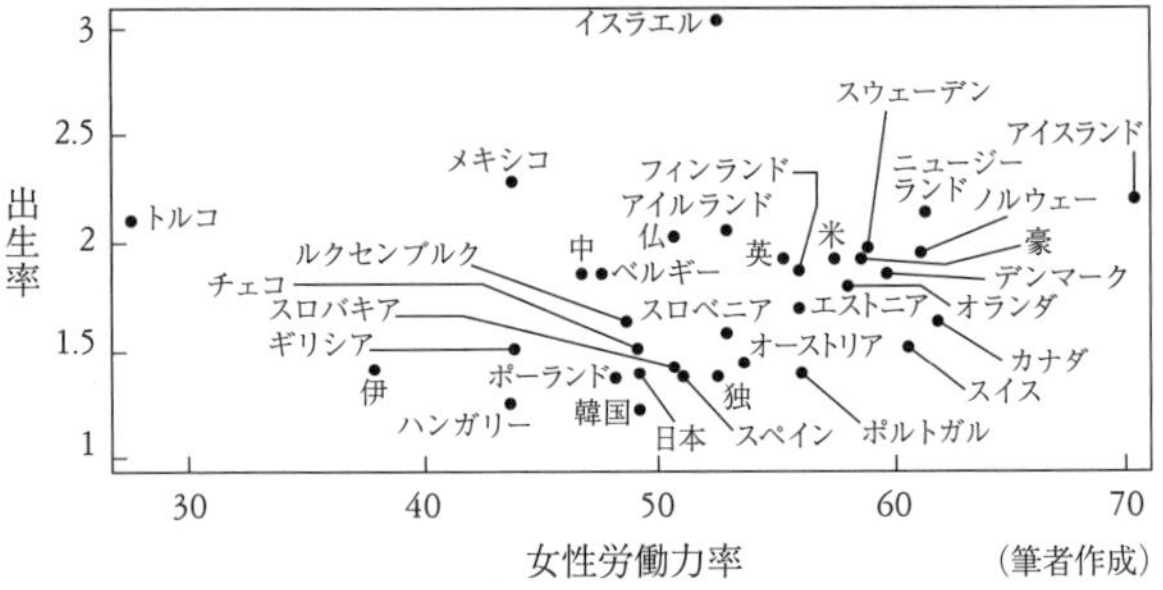

（筆者作成）

まず２０１０年の時点でＯＥＣＤに加盟している国は34ヶ国、存在する。この中で、先の専門調査会が示した24ヶ国で女性労働力率と出生率の相関係数をみると、その絶対値はかなり高くr=0.572となる（相関係数は絶対値が0から1の範囲を取り、絶対値が1に近づけば近づくほど関連性が強いとみなせる）。また相関係数が0である確率を示す確率はp=0.004（以下、小数点3桁で四捨五入）と低く、女性労働力率と出生率は無関係とはいえない。

ここでは、女性の労働力率が高い「先進国」ほど出生率も高いという傾向に変化はないようにみえる。しかしＯＥＣＤ全加盟国における女性労働力率と出生率の相関係数はr=0.176である。絶対値が急激に下がるとともにに、p=0.318となり、統計学的な有意水準を10％に設定しても相関係数がゼロ（r=0）である可能性を捨てられない。つまりこの二つの変数にほとんど関連はない（図1-2）。

もちろん図1-1を作った論者は、「1人あたりGDPが1万ドル未満」の非先進国を比較しても仕方ない、というのであろう（選ばれなかった国には失礼な話ではあるが）。しかし、それをいうなら**「1人あたりGDPが1万ドル未満」を超える国については、OECD加盟国にかぎらず全世界から選んでくるのが常道**だ。こんな作業は学者や官僚、政治家であれば簡単にできるはずだが、なぜかあまり取り組む人がいない。仕方がないので筆者が「1人あたり国民総所得（GDP）が1万ドルを超える国」を選び[6]、該当する85ヶ国における出生率と女性労働力率の相関係数をみてみると、r=－0.145となり、先の結果とは逆に負の相関、すなわち一方が高いと他方が低くなる関連がある。

5――"The World Bank" の website から2010年の合計特殊出生率、1人あたり国民総所得（購買力平価）、15歳以上の女性労働力率を参照した。http://data.worldbank.org/indicator/SP.DYN.TFRT.IN/countries（2016年5月28日検索）。

6――購買力平価による。ちなみに1人あたり国民総所得と1人あたりGDPはきわめて強く相関するので、この指標を用いても大丈夫であろう。

図1-3　1人あたりGNI 3万ドルを超える30ヶ国の出生率と女性労働力率（2010）

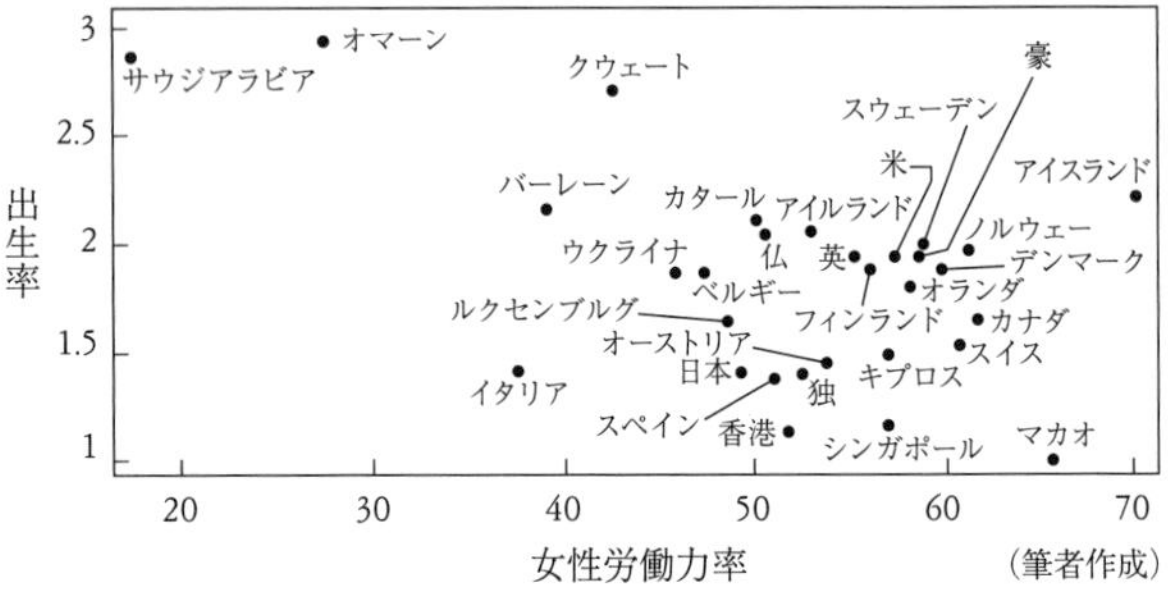

（筆者作成）

つまり全世界規模でみれば「先進国では、女性労働力率が高い国ほど、出生率は低い」と言わねばならないのである。もっとも、相関係数が0という仮説（これを「帰無仮説」または「ゼロ仮説」という）のもとで当該の値が得られる確率 $p=0.182$、通常は $p<0.05$ や $p<0.01$ であることが求められるので、相関係数が0でない可能性を排除できない。したがってこの相関係数について、あまり過剰に解釈すべきではないだろう。

こういうと、すぐさま反論の声が思い浮かぶ。世界の中で85ヶ国もが「先進国」扱いとなるのはさすがにおかしい、先進国の基準をもっと狭く、厳しくすべきではないか、と。その意見は大いに認める余地がある。

たしかに年収1万ドル（約100万円）と、年収がその数倍に達する国とでは、「先進性」の水準が違う気がしないでもない。そういうわけで今度は、「1人あたり国民総所得が3万ドルを超える国」を「先進国」の定義として採用すると、該当する30ヶ国における出生率と女性労働力率の相関係数 r=−0.528 となる（p=0.003）。今度はかなり明確な負の相関が認められる（図1-3）。つまり「先進国」の基準を変えさえすれば、**「女性が働く社会ほど、出生率は低い」という傾向がはっきりと読み取れる**わけである。

†無理筋の国際比較の起源は？

それにしても、このような無理筋の国際比較が、なぜにこうも跳梁跋扈してしまうのか。

そもそも、このような国際比較の嚆矢となったのは、エスピン＝アンデルセンの福祉レジーム論であるようだ。福祉社会学ではすでに定番となった議論だが、エスピン＝アンデルセンは、労働力が脱商品化（＝非市場化）している度合いと社会の階層化の様式という二つの指標に基づいて、欧米には三つの福祉レジームがあるとした。「自由主義レジーム」（低度の脱商品化＋低度の階層化、イギリス、アメリカ、カナダ、オーストラリア、ニュージーランドなどアングロサクソン諸国）、「保守主義レジーム」（高度の脱商品化＋高度の階層化、ドイツ、フランス、イタリア、オーストリア、ベルギー）、「社会民主主義レジーム」（高度の脱商品化＋低度の階層化、スウェーデンなど北欧諸国）の三つである。[7]

非欧米である日本は保守主義レジームに分類されるのだが、エスピン＝アンデルセンは別の論文でも、社会的ケアの主要な担い手を家族と考える家族主義的福祉国家（イタリア、スペイン、日本など）では出生率が低く、家族に女性や公的サービスを提供する「脱家族化」した福祉国家（スカンジナビア諸国）では出生率が高い、と述べている。

　そのうえで、ＯＥＣＤ19ヶ国で女性の労働率と出生率の相関をみると１９６０年には負の相関が存在したが、１９９２年には正の相関に逆転したとする。[89] 家族主義的な福祉国家はポスト工業経済のもとでは問題を孕んでおり、「低出生均衡」に陥っているというのだ。ヨーロッパの少数の国を対象にしているだけなら、この結論でも問題はなかったかもしれない。しかしすでにみたように、こうした国際比較は、国の選び方次第で自分の望むような結論を得ることができる。

　ではここで、さきにみた図1-1と図1-3の、どちらが世界的な傾向を示す散布図として妥当と思われるか、読者諸氏に問いかけてみたい。その判断は読者にお任せする。しかし仮に、サウジアラビア、オマーン、クウェート、バーレーンなどの中東諸国が含まれることをもって、「これらの国は先進国扱いすべきでない」という意見があるとすれば（古い話で申し訳ないが、とある高名なフェミニストから、それに近い発言を直接聞いたこともある）、それはあまりに欧米中心的なものの見方であるとだけは、前もって申し上げておく必要があるだろう。[10]

もちろんいわゆる「先進国」の中でも、女性労働力率も出生率もそれなりに高い国は存

7 ── Esping-Andersen, Gøsta 1990. *The Three Worlds of Welfare Capitalism*. Cambridge: Polity. = 岡沢憲芙・宮本太郎監訳『福祉資本主義の三つの世界：比較福祉国家の理論と動態』ミネルヴァ書房、２００１年、82頁。

8 ── Esping-Andersen, Gøsta 2000, "Welfare States and the Household Economy", in Machado, S. M. et al (eds.) *Las Estructuras del Bienestar en Europa*, Civitas Ediciones. = 渡辺雅男・渡辺景子訳「福祉国家と家庭経済」『福祉国家の可能性』桜井書店、２００１年、１０６頁。

9 ── 先に引用した「少子化と男女共同参画に関する社会環境の国際比較報告書」もまたＯＥＣＤ24ヶ国について、１９７０年には女性労働力率と出生率には負の相関があったが、80年代を境にこの関係が逆転し、２０００年のデータでは女性労働力率が高い国ほど出生率が高いという正の相関関係があると述べている。しかしブロガーのRootport氏がいうように、「時代が変わると相関関係まで変わってしまうのなら、そこに因果関係を認めるのは難しい」と考えるのが見識というものであろう（Rootport『失敗すれば即終了！　日本の若者がとるべき生存戦略』晶文社、２０１６年、１３３頁）。

10 ── そもそも北欧諸国のように人口が数百万程度の国と、日本のように1億人を超える国を比較対象とすることがフェアなのか、という問題も存在する。しばしば比較対象、というより崇拝の対象となるスウェーデンの人口は約９６０万人（２０１３年）、ＧＤＰは約６０００億ドル（２０１６年）である。人口や経済の規模でいえば東京都にも満たず、九州全体と同格である（九州の人口は１３２３万人、ＧＤＰは約４６００億ドル）。出生率を比較するなら、日本全体ではなく九州などの諸地域と比較すべきであろう。そうした目でみれば日本の諸地域、特に沖縄、九州、長野などの出生率は、決して北欧やフランスに見劣りしない。

在するし、いったん下がった出生率が回復傾向をみせた国もいくつかある。1990年代のフランス、スウェーデン、2010年代のロシア、カザフスタン、エストニア、ウクライナなどである。実際に出生率回復に成功した国があるのだから、日本もそれに見習うべきだ、という意見はもっともらしく聞こえる。しかし筆者は、**ある国情の違いから**、日本や東アジアの低出生率国は、フランスやスウェーデン、あるいはロシアのようになることは難しいし、それらの国で行われた少子化政策を実施したからといって、出生率回復を期待することは難しいと考えている。その理由については、第4章以降で詳述することとしよう。

†都道府県別の比較で分かること

前節でみたような国ごとの国際比較には、実はより大きな欠陥が存在する。というのは、国民国家という単位は、出生率の高低を論じるには大雑把にすぎるからだ。

実際、日本における地域別（市町村別）の出生率をみると、東京、大阪、名古屋、福岡、札幌などの大都市圏で低く、それ以外の農村部、特に島嶼《とうしょ》部や中山間地域では高いという傾向が顕著である。

たとえば、2000年前後の市町村別出生率のベストスリーは沖縄県多良間村《たらまそん》（3・14）、鹿児島県天城町（2・81）、東京都神津島村（2・51）、ワーストスリーは東京都渋谷区（0・75）、東京都目黒区（0・76）、東京都中野区（0・77）であった。[11] 少子化という観点からすればワーストスリーの3地域は大きな問題があるのかもしれないが、ベストスリーの地域には何の問題もない。こうした地理的な分布の違いを無視して一国単位で出生率の高低について論じたところで大した意味はなく、むしろミスリーディングな（人を誤らせる）議論に陥る可能性が高い。

また日本国内に限ってみても、都道府県別の（若年）女性労働力率と出生率の間に正の相関があるという分析を、時折みかける。[12] ここでは恣意的なサンプル選択という問題はないので、[13] 相関係数を算出してみると、女性労働力率の高い県ほど出生率が高い傾向は存在

11――平成10年～14年『人口動態保健所・市区町村別統計の概況』http://www.mhlw.go.jp/toukei/saikin/hw/jinkou/tokusyu/hoken04/2.html、2016年5月28日検索。

12――代表的なものとして藻谷浩介『デフレの正体：経済は「人口の波」で動く』角川ｏｎｅテーマ21、2010年。松田茂樹『少子化論：なぜまだ結婚、出産しやすい国にならないのか』勁草書房、2013年。金子勇『「地方創生と消滅」の社会学：日本のコミュニティのゆくえ』ミネルヴァ書房、2016年。

する（相関係数 r=0.377, p=0.009）。あまり強い相関とはいえないが、両者には関連があると言いたくなる気持ちもわからないではない。

しかし、だからといって、「女性が働きやすいから、出生率が高い」と言い切るのは早計である。女性労働力率と出生率をともに背後で規定する別の要因、すなわち第3変数の存在が考慮されていないからである。筆者がここで検討したいのは、「都市化」がもたらす影響である。

そこで都市化の度合いを示す指標として、「人口集中地区（DID）」に人々が居住している割合を使うことにしよう。[14] 2010年におけるDID居住比率と出生率・女性労働力率の関連はいずれも強く（相関係数は順に -0.504、-0.672。どちらも $p<0.05$）、「DID居住比率が高い都道府県ほど出生率が低い」、「DID居住比率が高い都道府県ほど女性労働力率が低い」という傾向が明確に存在する。つまり**都市化が進んだ都道府県ほど、出生率が低い。そして都市化が進んだ都道府県ほど、女性労働力率も低いという関連がある**わけである。ここから、出生率と女性労働力率ともに強い影響を与えているのは都市化であって、「女性労働力率の高さが、出生率を高める」という因果関係があるわけではないという推論が成り立つ。

より正確を期すために、都道府県別の出生率を従属変数（＝結果となる変数）とし、女性労働力率とＤＩＤ比率を独立変数とする多変量解析の一つ、重回帰分析を行った。表1-1（次頁）はその結果を示したものである。これをみると、女性労働力率の標準偏回帰係数（β=0.069）の絶対値はほとんど0に近く、逆に、ＤＩＤ比率の標準偏回帰係数（β=－0.458、網掛けの部分。＊は相関係数が0でない確率を意味する）はかなり大きなマイナスの値を取っている。つまり、都市化の度合いの影響力を取り除く《コントロール》と、女性労働力率は出生率に何の影響も与えていない。逆にＤＩＤ比率が出生率を引き下げる変数として意味があるわけである。図1-4は、ＤＩＤ比率、女性労働力率、出生率という三者の因果関係を図式的に示したものである。当初存在するかにみえた女性労働力率と出生率の関連は「擬似相関」であり、実際のところは、都市化（ＤＩＤ比率）こそが女性労働力率や出生率

13――ときおり沖縄県を外して46都道府県で分析する研究者を見かけるが、筆者は同胞の一人として、沖縄県を「外れ値」扱いするような分析をよいとは思わない。

14――人口集中地区（DID, Densely Inhabited Districts）は、２０００（平成12）年の国勢調査で、1.「原則として人口密度が1平方キロメートルあたり４０００人以上の基本単位区等が市区町村の境域内で互いに隣接」し、2.「それらの隣接した地域の人口が国勢調査時に５０００人以上を有する地域」と定義されている。地域全体に占める人口集中地区の割合が高いことは、それだけ都市化が進んでいることを意味している。

表 1-1

独立変数	偏回帰係数	標準偏回帰係数（β）
女性労働力率	0.002	0.069
DID	−0.003	−0.458**
（定数）	1.502	
決定係数	0.257	
調整済み決定係数	0.223	
モデル適合度	0.002	
N	47	

注：+: p<0.10、*: p<0.05、**: p<0.01
従属変数：合計特殊出生率

（筆者作成）

図 1-4

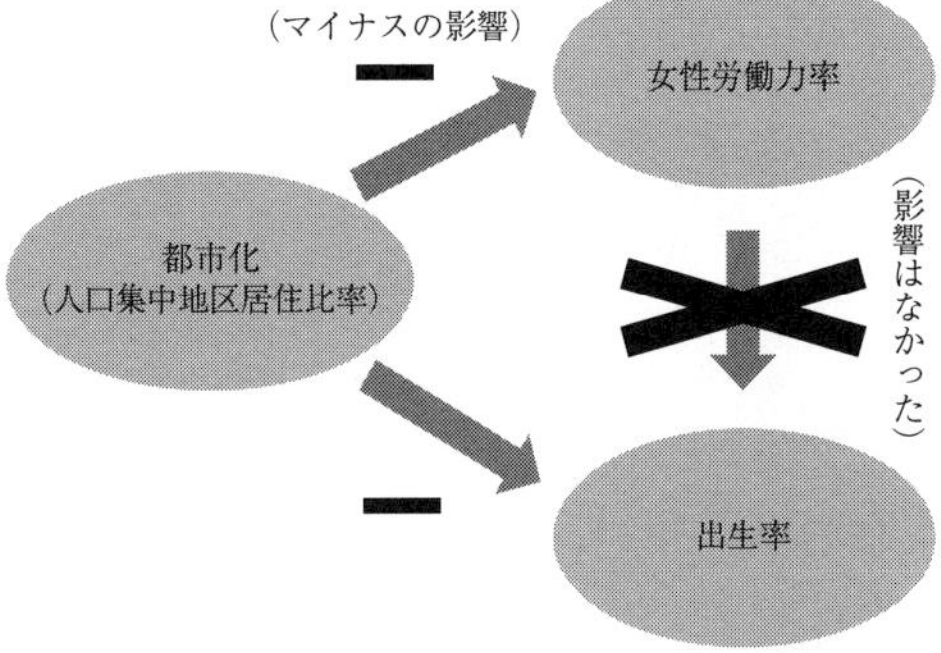

（筆者作成）

女性の労働力率と出生率に影響を与えていたのは「都市化」。女性の労働力率と出生率はみかけの相関（擬似相関）にすぎない。

に対してマイナスの影響を与えている。

このように考えてくると、日本国内の都道府県別の分析においても、「女性が働きやすい都道府県だからこそ、出生率が高くなる」とか、「女性が働きやすい県になれば出生率が高くなる」とはいえない。[15]

†個人データを用いた検証

国や都道府県を単位とする、一時点での国際比較や国内比較にどのような盲点がありうるかについては、これでほぼ示せたであろう。

「サンプル選択の基準問題」という初歩的なものから、複数の変数の関連を読み違える「擬似相関の問題」まで、さまざまに留意すべき論点があることがわかる。さらに国や都道府県（地域）別に集計された集計《アグリゲート》データの相関関係から、個人レベルの相関関係を推測するときには「生態学的誤謬《エコロジカル・ファラシー》」という問題が存在することが知られている。[16] 一般化して

15――ちなみに『少子化社会白書』などでは女性就労のM字カーブ（結婚・出産期である20代から30代前半に高かった女性の労働力率が、育児期になると減少し、40代以降再び増加するという傾向）が、女性にとっての仕事と育児の両立の難しさを典型的に示す指標であり、これが少子化の原因ともなるとかつて高唱されていた。しかし2014年では25〜34歳の女性労働力率は75・1％、35〜44歳で約73・1％となる（日本経済新聞、2015年10月12日付の記事）。M字カーブはほぼ解消されたとみてよく、にもかかわらず出生率がさほど上がっていないということは、M字カーブは少子化の原因として「冤罪」であったことを意味している。

いうと、集団全体でみたときの変数間に生じている（生態学的）相関は、個人データの相関より高くなる傾向があるということである。田渕六郎もまた、図1-1に近い散布図を示しながら、ここから「「就労している女性ほど一生に産む子ども数が多い」と推論することは誤りである（個人データを用いた分析では負の相関が見られることが知られている）」という、適切な指摘を行っている。[17]

そういうわけで現代の社会調査では、個人や世帯を単位として、どのような社会的属性や行動様式が、一人ひとりの女性や男性が産み育てる子どもの数に影響を与えるのかを詳細に論じることが主流となっている。実は個人データを用いた分析に関しては、筆者もかつて、フルタイムで就労したり、年収が高い既婚女性（28〜39歳）は子ども数が少なくなると指摘したことがある。[18] もっともデータが少し古くなっているので、2008年に実施された全国家族調査を用いて、子ども数を従属変数とする重回帰分析を行ってみた。[19] その結果が表1-2（46頁）である。

表1-2の左側は28〜39歳、すなわち20代後半から30代の、実際に子どもを産み育てる蓋然性の高い年齢層の有配偶、すなわち夫のいる女性の子ども数に影響を与えうる要因（独立変数）を示したものである。統計学的に0でないといいうる影響力を有しているの

は、**年齢（＋の効果【以下同様】）、都市規模（－の効果【以下同様】）、本人年収（－）、世帯年収（－）、官公庁勤務（＋）、大企業勤務（＋）**である。表2・2の右側は有配偶女性だ

16――Robinson W. S. 1950, "Ecological correlations and the behavior of individuals", *American Sociological Review*, 15(3), 351-357.
17――田渕六郎「変数間の関連」轟亮・杉野勇編『入門・社会調査法：2ステップで基礎から学ぶ』法律文化社、2010年、194頁。
18――赤川学「人口減少社会と家族のゆくえ」沢山美果子他『「家族」はどこへいく』青弓社、2007年、173頁。
19――この分析にあたり東京大学社会科学研究所附属日本社会研究情報センターSSJデータアーカイブから「第3回家族についての全国調査（NFRJ08）」（寄託者・日本家族社会学会）の個票データの提供を受けた。説明変数は以下のとおり。「18大市D」＝東京・大阪・名古屋などの18大都市に居住。「10万以上の市D」＝人口10万人以上の市に居住。「収入」＝「収入はなかった」「100万円未満」から「1600万円以上」までの19カテゴリーをカテゴリーの中央値で数値化。「官公庁D」＝現在の勤め先が官公庁。「大企業D」＝現在の勤め先が1000人以上の会社。「正規雇用D」＝現在の仕事が経営者・役員・常時雇用されている一般従業者（公務員を含む）のいずれか。「非正規雇用D」＝現在の仕事が臨時雇い・パート・アルバイト・派遣社員・契約社員・嘱託社員・内職のいずれか。「ホワイトカラーD」＝現在の仕事の種類が専門・技術系の職業か管理的職業のいずれか。「夫の家事分担」＝配偶者が行う食事の用意、食事のあとかたづけ、食料品や日用品の買い物、洗濯、そうじについて、「ほぼ毎日」から「ほとんど行わない」までの5段階尺度で尋ねたものを、数値が高いほど頻度が大きくなるように変換し、5項目の平均をとった。「実母との近居」＝実母（最も長く関わった養母・継母を含む）の住んでいる場所が「同じ建物内」「同じ敷地内の別棟」「（もっともよく使う交通手段で）15分未満」のいずれか。

表 1-2

重回帰分析（28-39 歳有配偶女性）		
独立変数	偏回帰係数	標準偏回帰係数（β）
年齢	0.058	0.183**
教育年数	−0.030	−0.110
18 大市 D	−0.327	−0.129+
10 万以上市 D	−0.322	−0.151*
（10 万未満市 ref.）		
本人収入	−0.002	−0.354**
世帯収入	−0.001	−0.230**
官公庁 D	0.667	0.125+
大企業 D	0.092	0.031+
（中小企業 ref.）		
正規雇用 D	0.075	0.034
非正規雇用 D	−0.317	−0.148
（自営 ref.）		
ホワイトカラー D	0.199	0.072
（農林業 ref.）		
夫の家事分担	−0.019	−0.070
実母との近居	0.071	0.032
（定数）	1.502	
決定係数	0.254	
調整済み決定係数	0.201	
モデル適合度	0.000	
N	196	
注：+: p<.10、*: p<.05、**: p<.10 従属変数：子ども数		

重回帰分析（28-39 歳女性）		
独立変数	偏回帰係数	標準偏回帰係数（β）
年齢	0.107	0.319***
教育年数	−0.013	−0.042
18 大市 D	−0.202	−0.072
10 万以上市 D	−0.137	−0.058
（10 万未満市 ref.）		
本人収入	−0.003	−0.395***
世帯収入	−0.001	−0.089+
官公庁 D	0.504	0.083+
大企業 D	0.037	0.016
（中小企業 ref.）		
正規雇用 D	−0.111	−0.047
非正規雇用 D	0.268	0.094+
（自営 ref.）		
ホワイトカラー D	−0.463	0.094+
（農林業 ref.）		
実母との近居	−1.178	−0.197+
（定数）	−1.125	
決定係数	0.332	
調整済み決定係数	0.311	
モデル適合度	0.000	
N	363	
注：+: p<.10、*: p<.05、**: p<.01、***: p<.001 従属変数：子ども数		

けでなく、未婚女性も含めた全女性の子ども数に影響を与える変数を調べたものだが、本人年収（－）、世帯年収（－）、官公庁勤務（＋）などの効果については、有配偶女性と共通する。

なお年齢に関しては、年齢が高くなればなるほど出産経験の確率が高くなるのは当然のことである。ここでは年齢という変数の影響力を取り除《コントロール》いたとしてもなお、他の変数の影響力を認めることができるかどうかを判断するため、モデルに投入している。

また有配偶女性については夫の家事分担の度合いを尋ねている。符号はマイナスであるが、統計学的に有意味な数字とはいえず、子ども数とは無関係だというべきだろう。

興味深いのは、官公庁勤務の女性に、それ以外の女性にくらべて子ども数が多い傾向があることである。公務員並みに育児休業制度や身分保障がしっかりしていれば、子ども数も増えるということであろうか。もっとも公務員バッシングの激しい我が国で、国民全体が公務員並みの身分保障を受けられるようになるかどうかは微妙なところだ。

†「貧乏人の子沢山」と「金持ちの子沢山」

それよりも注目すべきは、**女性本人や世帯全体の年収が高ければ高いほど、子ども数は少**

なくなるということである。[20]「貧乏人の子沢山」という言葉を知っている人なら、年収が高い人ほど子ども数が少なくなるという事態を思い浮かべるかもしれない。

もっとも昨今は失業や非正規雇用、収入の低さゆえに子どももてない、つまり逆の言い方をすれば、「豊かであればあるほど子どもを産みやすい」という言説も一定の影響力をもっている。いわば「金持ちの子沢山」である。それゆえ「貧乏人の子沢山」と「金持ちの子沢山」という現象のどちらが現代日本にあてはまるのかは、実は大きな問題なのである。しかし後述するように、女性の社会進出が進んだ近代社会にあっては、「貧乏人の子沢山」、すなわち上中階層が出生数を制限する傾向は、ほとんど普遍的といってよいのである。

また有配偶女性の場合、18大都市[21]や人口10万人以上の市に居住している女性は、それ以外の女性、つまり人口の少ない市町村に居住している女性より子ども数が少なくなる傾向がみてとれる。これも注目すべき現象といえよう。人口の少ない農村や村落よりも都市に居住する有配偶女性に子ども数が少ないという事実は、都市化が少子化をもたらすという、世界史的に普遍的な傾向の一つと考えられるからだ。

事実、市町村別にみても都市部、すなわち東京、大阪、名古屋の三大都市圏など人口密度の高い都市圏ほど、合計特殊出生率（＝女性が一生の間に産む子ども数の平均値）が低い。平成20〜24年における市町村別の合計特殊出生率を示した日本地図（図1-5）[22]をみれば、このことは一目瞭然であろう。地図中の濃い部分は中山間地に、薄い部分＝出生率の低い地域に東京、大阪、名古屋、福岡、札幌などの大都市の多くが含まれることがみてとれる。ここには地域レベルの相関関係と個人・世帯レベルの相関関係にズレがある生態学的誤謬は存在しておらず、それだけ普遍的で、頑健《ロバスト》な結果といえるだろう。

いずれにしても、国際的な比較に基づいても、国内（都道府県別）的な比較に基づいて

20——「子どもを2人以上産む／産まない」という二つの結果（2項）を従属変数とするロジスティック回帰分析で収入の効果をみると、有配偶女性ではわずかながらプラスの効果、女性全体ではマイナスの効果をもつことになっている（表1-2参考）。これを「有配偶女性では本人収入や世帯収入は子どもを2人産む結果につながりやすい」とか、「未婚女性を含む女性全体では、本人収入や世帯収入は子どもを2人産む結果につながらない」と解釈することも不可能ではないが、係数の小ささからみて、過剰な解釈は慎むべきだろうと考える。

21——18大都市とは一般に大都市とされる東京都区部、札幌市、仙台市、さいたま市、千葉市、横浜市、川崎市、新潟市、静岡市、浜松市、名古屋市、京都市、大阪市、堺市、神戸市、広島市、北九州市、福岡市のことを指す。

22——近藤恵介、「集積の経済による成長戦略と出生率回復は相反するのか」『RIETI Special Report』（http://www.rieti.go.jp/jp/special/special_report/074.html）、２０１４年。２０１６年5月30日検索。

図 1-5　市区町村別の合計特殊出生率

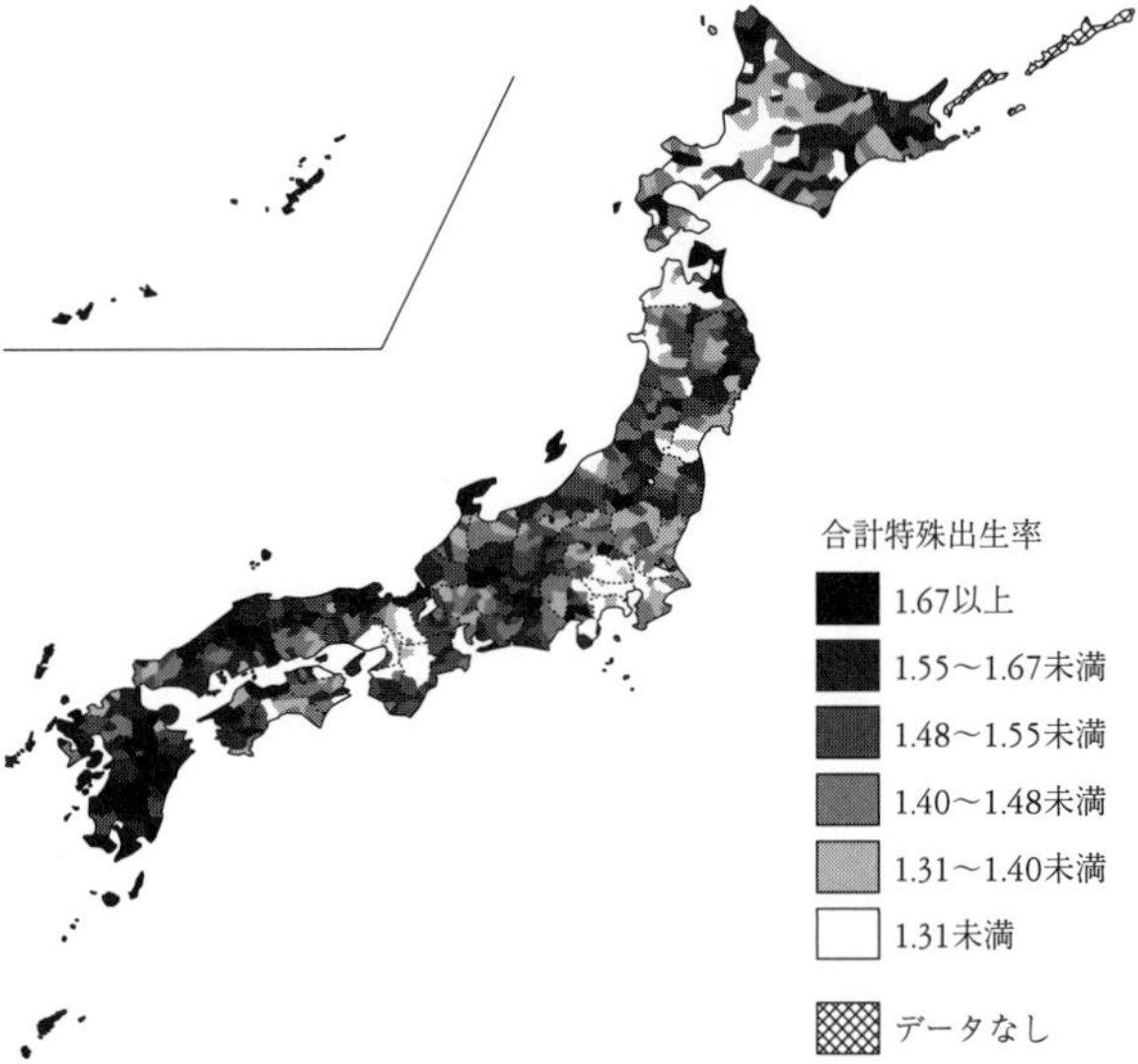

も、世帯・個人レベルの関係に基づいても、女性が働く（働きやすい）から子どもがたくさん生まれる（あるいは出生率が高い）という因果関係が存在しないことは明らかだと思われる。

第2章
希望子ども数が増えれば、子どもは増えるのか?

†パネル調査の興隆

前章では、女性が外で賃金を得て働くことが、出生率を高めたり、子どもの数を増やすという効果を有していないことをみた。同時に有配偶女性の夫の家事分担も、その女性がもつ子ども数には影響を与えていないようにみえる。

ただし、このような一時点の調査、すなわちワンショット・サーベイの結果を、過剰に解釈することには慎重でなければならないという見解がある。というのも妻の年収や夫の家事分担は、調査の行われた時点（2008年1月）で計測されたものであるのに対し、子ども数というのは出産経験という、過去の出来事《イベント》を表すものであるからだ。前章の表1-2（46頁）における夫の家事分担や妻の収入という変数は調査時点のものであるのに対し、子ども数というのは、女性が調査時点以前に出産を経験したことを意味している。つまりここでは、現在の年収や家事分担から、過去の出産経験としての子ども数を推定することになっている。これはおかしいのではないか、と考えるのである。

もちろん対象となった女性の間で年収や家事分担の順位が相対的に不変であるという仮定を置くことができれば、上記のような重回帰分析にも意味がないわけではない。というより、これまでクロスセクションの分析とかワンショット・サーベイと呼ばれてきた分析では、そのような形でしか分析を行うことができなかったのだ。しかし厳密な意味では、子どもを産むという経験以前の年収や夫の家事分担経験が出産に与える影響を正確に計測する必要があると強調されるようになってきた。

それゆえ近年は、同一の標本集団（＝調査対象者）に対して、1年とか2年という一定期間を空けて繰り返し調査を行う**パネル調査**の有効性が、広く認識されるようになってきた。少子化に関してこのようなパネル調査の嚆矢となったのは、社会学者の山口一男氏による、家計経済研究所の「消費生活に関するパネル調査」の1993〜99年データを用いた分析であろう。山口氏はここで、初回調査時に24〜34歳であった女性（1993年調査開始時のコーホートAの1000人と97年開始のコーホートBの201人）を対象に、出産意欲と出生行動、出生ハザード率（＝出産イベントの個人レベルでの発生率）の決定要因を調べている。[23] 山口氏は社会科学におけるパネル調査やイベント・ヒストリー分析の先達と

23——山口一男『ワークライフバランス：実証と政策提言』日本経済新聞出版社、2009年。以下、引用は同書より。

いうべき人物であり、その分析手法は手堅いが、まずはその分析結果に耳を傾けてみよう。

†出産意欲の違いと出産確率

まず彼が行っているのは、既存の子ども数が2子以下の有配偶女性（24〜35歳）の、1994年時点での出産意欲（「是非欲しい」「条件によっては欲しい」「欲しくない」）がどのような要因によって決定されているかの分析である。氏によれば、「是非欲しい」と答えた女性の約68％は5年以内に出産経験があり、これは「条件によっては欲しい」の約42％、「欲しくない」の約8％とくらべて大きく、「出産意欲の違いによるその後の出生確率はきわめて大きい」とされる。[24]

その上で山口氏は、既存の子ども数、就業状態（無職を基準に常勤／パート・臨時）、学歴、年齢、最終出産時もしくは結婚時からの経過年数、育児休業制度の有無、勤め先の従業者規模（中小企業／雇用者1000人以上の大企業／官公庁）、本人・夫の年収、「悩みや楽しい」ことについての夫との会話、身近な託児所の存在、夫の家事・育児分担度などの要因を説明変数とし、出産意欲を従属変数とする累積ロジット分析を行っている（分析1）。

累積ロジット分析は、3変数以上の関係を分析する多変量解析の中でも中心的なロジスティック回帰モデルの拡張版であり、順序づけされたカテゴリーとして計測された妻の出産意欲に対して、上述の説明変数が有する影響力の大きさを比較するものである。その結果によれば、既存の子ども数、現状の継続年数、夫との会話、育児休業制度の存在の順に出産意欲を高める効果が強く、夫の収入（2子の場合）は出生意欲を低めるとされている。

ただし、ここで筆者は注意を促したいのだが、分析1で計測されている変数は、出産意欲や就業形態、夫の家事・育児分担も含めて最初の調査時点（1994年）のものであり、6〜7年という時間経過の中で、夫の家事・育児分担や妻の就業形態の変化が出産意欲を促進したかどうかを明らかにするものではない。

山口氏は「出産意欲の違いによるその後の出生確率はきわめて大きい」というのであるが、身も蓋もない言い方をしてしまえば、はじめから出産意欲の高い人は、そうでない人にくらべて出産に至る確率が高いだけのことに過ぎないのかもしれない。出産意欲という変数を過大に評価することには、いささか疑問が残る。

24――山口、前掲書、46頁。

それにくらべて、出生ハザード率の決定要因を探るイベント・ヒストリー分析はよりダイナミックである（分析2）。

ここでも妻の就業形態、妻と夫の収入、勤め先の従業者規模、夫の職業、育児休業制度の有無などの要因が、妻の出産意欲観察時点の「時間的に不変な変数」として扱われていることに変わりはないが（これは必ずしも不当とはいえない）、これらの要因が第2子出生に与える影響を時間的な順序を違えずに取り出せるという意味では、分析1よりはパネル調査の利点を活かしたものになっている。

ただし結果自体は分析1と大きな齟齬《そご》はなく、育児休業制度があると第2子出生確率が高いこと、常勤・パート・臨時が無職に比べて、大企業勤務が中小企業に比べて第2子出生確率が低いことが知られるにとどまる。

†出産意欲に影響する要因は？

分析1、分析2ともに周到に計画されたものであり、算出されている数字自体にいうべきことはない。しかしいささか興味深いのは、出産意欲を下げる、もしくは出産意欲とは関わりをもたないとされる要因に対する山口氏の解釈である。

たとえば無職に比べて常勤やパート・臨時の女性や、勤め先が大企業の女性では出産意欲は低くなるという知見がある。これを素直に解釈すれば、「女性が無職になれば出産意欲が高まる」、「女性が大企業勤めをやめれば出産意欲が高まる」と言わねばならないだろう。だが山口氏は、「育児休業制度がなければ、常勤者の場合は無職者と出産意欲が有意に異ならず、パート・臨時の場合は有意に低くなる」とか、「大企業に勤める女性は育児休業制度があれば無職者と出産意欲は有意に異ならないが、育児休業制度がなければ無職者よりも有意に出産意欲が低くなる」との解釈を施している。[25]

しかし分析1、分析2では、育児休業制度に関しては他の変数とは独立に、それ自体の効果の大きさを計測しており、育児休業制度と就業状態・従業者規模の交互作用が分析されているわけではない。したがって、より正確には「育児休業制度があろうとなかろうと、常勤やパート・臨時勤務、大企業勤務の妻は出産意欲が低い」というべきであろう。

25——山口、前掲書、52-53頁。

†夫の家事・育児分担と出産意欲との関係は?

また表には示されていないが、「夫の家事分担度と育児分担度は有意な影響がなかった」ようである。[26] これは、前章で筆者が行った分析結果とも矛盾はしないのだが、山口氏は男性の家事・育児分担度の低さ(たとえば夫の87%が家事分担度10%以下)をもちだして、「このような状況では妻の夫に対する家事育児参加の期待度が一様に低くなり、また分布も0に偏り過ぎ、出産意欲への説明力を持たない」と論じる。[27] 要するに現状では、夫の家事・育児分担度が低すぎるので、出産意欲に影響を与えていないというのである。

しかしこれは、いささか牽強付会の解釈ではなかろうか。かつてフェミニストや男性学者が「現状では男性の家事・育児分担の度合が低すぎるので出生率と関係しないが、より家事・育児分担が進めば、やがて出生率と相関するようになる」と高唱していた姿を彷彿とさせるものがある。解釈の仕方が素直でない、というより、(山口氏にしては珍しく)反証不能である。ここは素直に、「夫の家事・育児分担は妻の出産意欲に影響しない」とみるべきだろう。

また仮に男性の家事・育児分担が高まったからといって、今後も妻の出産意欲が高くなるとも限らない。なぜなら夫の家事・育児分担の高まりが、夫に対する家事・育児参加の期待度を一様に高め、かえって妻は（夫婦間の）現状に満足しなくなり、出産意欲が低くなるという因果の連鎖がありうるからだ。

これはやや理解するのが難しいかもしれないが、たとえていえば、フェミニズムに好意的な男性ほど、フェミニストから批判の対象になりやすいという、よく知られた現象や、独裁国家の恐るべき人権蹂躙や軍事侵攻よりも、民主国家のささいな人権軽視や防衛力拡充のほうが注目されやすいという現象などを想起してみるとよいかもしれない。

家事・育児分担の例であれば、それにまったく関心を示さない夫よりも、なまじっか家事・育児参加を志向する夫のほうが、妻からの期待値が高まるので、かえって不満が生じやすくなる可能性がある。これは結果的に、妻の出産意欲を阻害しかねない。

こうした解釈上の問題点が、どうしても排除しきれないのである。

パネル調査の実施には、お金と手間と周到な準備が必要であり、専門の社会科学者であ

26——山口、前掲書、55頁。
27——同右。

っても、きちんとした実施体制がなければ容易に行えるものではない。その意味では貴重なデータと分析であることに疑いはない。

†最大級のパネル調査を検証

他方で、山口氏の分析が登場して以降、妻の出産意欲や希望子ども数を従属変数とするパネル調査の研究はますます増加の傾向をみせている。その中でも最大規模といえるパネル調査の一つが、厚生労働省が2004(平成16)年から毎年行ってきた、「21世紀成年者縦断調査(国民の生活に関する継続調査)」であろう。

たとえば第1回・一億総活躍国民会議の事務局提出資料においても、2012年の第11回の縦断調査などに基づいて、「夫の家事・育児時間が長いほど、第2子以降の出生割合が高い」という参考資料が提出されている。[28] これによると、家事・育児の時間のない夫をもつ妻が第2子以降の「出生なし」である割合は14・0%であるのに対し、週に6時間以上家事・育児を分担する夫をもつ妻の76・5%が「出生あり」とされている。朝日新聞出身のジャーナリストにして地政学者・船橋洋一氏も、この調査結果を援用している。[29]

この調査結果は、先の山口氏の知見とは異なるのだが、調査時期や調査対象の違いもあるだろうから、それは仕方ないとして、いささか不思議に思うのは、夫となる男性の家事・育児分担が、結婚や第1子の出生確率に与える効果が論じられていないことである。

すでによく知られていることだが、出生率低下の要因は、有配偶率の低下（非婚化の進行）と有配偶出生率の低下（結婚した夫婦が産む子ども数の減少）に分けることができる。人口学では定番となっている要因分解という手法を用いると、「合計特殊出生率の基準値2・01から2012年の1・38までの変化量は、約90％が初婚行動の変化（＝初婚年齢の上昇と非婚者割合の増加とほぼ同義：筆者注）、約10％が夫婦の出生行動の変化で説明できる」[30]。またこれもよく知られていることながら、夫婦の理想子ども数や予定子ども数はここ30年以上大きく変化しておらず、実際に産む子ども数の平均もさほど下がっていない[31]。

つまり**少子化の要因の殆どは、結婚した夫婦が子どもを産まなくなっているのではなく、結**

28——https://www.kantei.go.jp/jp/singi/ichiokusoukatsuyaku/dai2/sankou3.pdf、２０１６年5月29日検索。
29——船橋洋一『21世紀 地政学入門』文春新書、２０１６年、１０４頁。
30——岩澤美帆「少子化をもたらした未婚化および夫婦の変化」髙橋重郷・大淵寛編『人口減少と少子化対策：人口学ライブラリー16』原書房、２０１５年、53頁。
31——岩澤、同論文、64頁。

婚しない人の割合が増加したことにあるのである。

†マイナーな要因のゴリ押し

このような状況では、第2子以降の出生確率の上昇が、出生率全体の回復に寄与する割合はわずかなものにとどまるだろう。男性の家事・育児分担がどれくらいめざましく出生確率を高めるのかも、定かではない。仮になんらかの効果が統計モデル上では確認できたとしても、男性の家事・育児分担という変数は、結婚後の夫婦の子ども数という、少子化全体に与える要因としてはマイナーなものに着目しているにすぎない。「少子化を食い止める」という目的にとって「焼け石に水」にすぎない要因をハイプ《ゴリ押し》している、というのはいいすぎだろうか。

また、これは個人的な価値判断になるが、少子化対策が「出産意欲、特に【欲しくない】という意向を【欲しい】という意向に変えるような政策[32]」のことを指すとすれば、はっきりいって「余計なお世話」と言わざるを得ないし、筆者はこの種の社会工学（？）的志向には、不気味ささえ感じるタイプの人間である。しかし、そうした感情を抑えて、なぜこうした研究が繁茂するかを考えてみる必要はあるだろう。

あえてシニカルな視点でみてみると、夫の家事・育児分担などの要因が、出産意欲や希望子ども数といった「意識」変数に影響を与えることは、これらのデータからいえるのかもしれないが、第2子出生といった「行動」自体に影響を与えていることを立証できないからこそ、計測しやすい「意識」変数に注目が集まるとも考えられる。なぜなら、近年のパネル調査のデータを用いれば、第2子出生確率を高める要因をある程度は特定できるはずなのに、あまりそういう分析をみかけないからである。

そこで本章では、東大社会科学研究所が2007年から1年間隔で行ってきたパネル調査、「働き方とライフスタイルに関する全国調査」(Japanese Life Course Panel Survey, JLPS) の中で公開されているwave1 (2007年) からwave6 (2012年) を用いて、第2子出生の確率(ハザード確率)、すなわち「時間t^1より前に第2子出生というイベントが発生しなかったという条件のもとで、時間t^2に第2子出生が発生する確率」を従属変数とし、それに影響を与えるかもしれない夫の家事分担、官公庁・大企業勤務(=中小企業勤務を基準とする)、妻・夫・世帯の年収、妻・夫の学歴(=教育年数)、妻・夫が正規雇用

32──山口一男、前掲書、49頁。

（＝非正規雇用を基準とする）、調査開始時（２００７年）の居住地規模（＝16大市・20万以上都市のダミー変数、町村《ちょうそん》を基準とする）、妻本人の年齢などを独立変数とするイベント・ヒストリー分析（正確には離散時間ロジットモデル）を行うことにしよう。[33]

†加藤vs山口・筒井論争

この分析に入る前に、２０１５年末から16年にかけて話題となった加藤彰彦氏の提言ならびに、それに反論した山口一男、筒井淳也両氏の論争にも言及しておく必要があるだろう。[34]

比較社会学・家族人口学者の加藤彰彦氏は、２０１５年11月18日に開催された「一億総活躍社会に関する意見交換会」において、「少子化が進むなかで出生率を下支えしてきたのは、伝統的家族である」という見解のもとに、「夫方同居夫婦（＝伝統的拡大家族：筆者注）の出生確率は、別居（遠居）に比べて、第1子で20％、第2子で26％、第3子で39％高い」、「結婚したら子どもは持つべきだ」などの「伝統的家族観を保持する夫婦は出産意欲が高い」というデータを提示した。[35] ここでの分析は日本家族社会学会が２００２年に実施した「戦後日本の家族の歩み全国調査」の結果を用いたものであり、特に前者の知見は、過去の経験を現時点から振り返って回答してもらう回顧型調査に基づくパネル調査の一種、イベント・ヒストリー分析（比例ハザードモデル）から導かれたものである。表2-1の分析結果をみるかぎり、加藤氏の解釈は妥当であり、特に間違いはないように思われる。

これに対して「大きな違和感」を表明したのが山口一男氏である。[36] ここで山口氏は「夫の親との同居」と「妻の親との同居」が出生確率に与える違いに関する、非常に込み入ったデータ解釈を行っているのであるが、主たる論点は次の二つである。

①加藤氏の分析は、結婚時の希望子ども数の違いを制御していない。また、「伝統的家族観を保持する夫婦は出産意欲が非常に高い」というときの「意欲」が、結婚時の希望子

33——2次分析に当たり、東京大学社会科学研究所附属社会調査・データアーカイブ研究センターSSJデータアーカイブから「働き方とライフスタイルの変化に関する全国調査（JLPS）」（東京大学社会科学研究所、2007～12年）の個票データの提供を受けた。

34——筒井淳也氏からの反論は、http://synodos.jp/society/16033で読める。

35——https://www.kantei.go.jp/jp/singi/ichiokusoukatsuyaku/iken_koukankai/dai3/siryou5.pdf、2016年5月29日検索。

36——http://www.rieti.go.jp/jp/columns/s16_0006.html、2016年5月29日検索。

表 2-1

伝統的家族の出生力

		1930–69 年生まれ			1950–69 年生まれ		
		第 1 子	第 2 子	第 3 子	第 1 子	第 2 子	第 3 子
親との同居・近居（結婚時）	〔遠　居〕	1.00	1.00	1.00	1.00	1.00	1.00
	夫方同居	1.12*	1.19***	1.24**	1.20*	1.26**	1.39**
	妻方同居	1.18†	1.13	0.92	1.20	1.17	0.88
	夫方近居	1.11†	1.04	0.94	1.16†	0.99	0.88
	妻方近居	1.03	0.92	1.07	1.15	0.97	1.29

****p<0.0001 ***p<0.001 **p<0.01 *p<0.05 †p<0.10

注：〔　〕は基準カテゴリー。数値は基準カテゴリーに対する相対的な出生確率。データは「戦後日本の家族の歩み全国調査」（日本家族社会学会 2002 年実施）による。

出典：加藤彰彦「少子化・人口減少の歴史的意味」『比較家族史研究』第 24 号 2010 年

伝統的家族観と夫婦の理想子ども数・予定子ども数

	平均理想子ども数(人)		平均予定子ども数(人)	
	支持	不支持	支持	不支持
生涯を独身で過ごすというのは、望ましい生き方ではない	2.38	2.18	2.16	1.96
どんな社会においても、女らしさや男らしさはある程度必要だ	2.32	2.15	2.09	1.99
結婚したら、家族のためには自分の個性や生き方を半分犠牲にするのは当然だ	2.38	2.22	2.16	2.00
結婚後は、夫は外で働き、妻は家庭を守るべきだ	2.39	2.26	2.16	2.05
結婚したら、子どもは持つべきだ	2.40	2.05	2.19	1.84
いったん結婚したら、性格の不一致くらいで別れるべきではない	2.39	2.17	2.17	1.95

集計対象は結婚年数 5 年未満の夫婦。

出典：国立社会保障・人口問題研究所『第 14 回出生動向基本調査第 I 報告書』（2012 年）

ども数の違いを反映し、多くの子どもを希望する夫婦ほど、夫の親との同居を選ぶ傾向があるのなら、夫の親との同居の出生率の高さは、同居の影響ではなく、もともとの希望の違いの影響である。

②妻の親との同居が第2子、第3子の出生確率を高めるわけではない、という事実は、「希望によらず妻が出産せざるを得なくなる規範環境は夫の親との同居でのみ、より生じやすい」という解釈と整合的である。

①は要するに、もともと希望子ども数の多い夫婦が、夫の親との同居を選び、子どもを多く産むのだから、「夫の親との同居」と「子ども数の多さ」は擬似相関だと述べている。

②については、山口氏はさらに言葉を重ねている。夫の親との同居は、「妻の希望以上に出産を促される家庭の規範環境があるために」比較的高い出生率が生じるのであって、これは伝統的家族の「社会圧力」であり、希望子ども数の実現は「夫婦による子育ての喜びが、子育てに伴って失う物のコストを上回ることによって達成すべき」というのである。

②後半の論点は、山口氏個人の価値観の表明というべきものであり、学術的議論の本筋とは外れている。加藤氏だけでなく山口氏も、少子化対策の必要性を認めつつ、出生率を

高める要因を探究しているのであろうから、「夫の親との同居」が出生率を高める効果を有するのであれば、率直にそれを認められるはずだ。

「夫の親との同居」が「社会圧力」、すなわち妻に子どもを産ませる強制やプレッシャーであり、「夫婦による子育ての喜び」(＝夫の家事分担を含む)の大きい社会が「個人が生き生きと生きられる」証だというような対比的な二分法は、山口氏個人、あるいは山口氏に賛同する人々にとっては重要な価値判断かもしれないが、誰にでも妥当する正義とまではいえない。「夫の親との同居」が、「個人が生き生きと生きられる」ことの証であるような夫婦も、この日本には存在するであろうし、おそらく加藤氏もそのように考えているはずだ。

興味深いのはむしろ、①の論点である。というのも、そもそも「出産意欲の違いによるその後の出生確率はきわめて大きい」と述べてきた張本人が、山口氏だからである。すでにみたように山口氏は、既存の子ども数、夫との会話、育児休業制度の存在などが妻の出産意欲を高めるというのだが、[37] これらの変数も実は、パネル調査の初回(最初のwave)で尋ねた数値の結果にすぎない。実際には、もともと出産意欲の高い妻が、(出生確率を高めると彼女が考える)育児休業制度を選んだと解釈することもできるのである。表2-1で加藤氏が提出した分析結果についても同様に、もともと出産意欲の高い夫婦が、（出生確率を高めると夫婦が考える）親との同居を選び、実際に多くの子どもを産んでいると解釈できる。

となれば、山口氏の分析結果の解釈と加藤氏の解釈は、扱っている独立変数こそ違うものの、その作法や態度に関して大きな違いはないということができる。このデータを虚心坦懐に眺めるなら、育児休業制度の存在より、親との同居のほうが妻の出産意欲をより高める効果をもつとみることも十分に可能だろう。

つまり、皮肉なことながら、ここで山口氏が加藤氏に対して行った反論は、ご自身の分析結果に対してもブーメランのようにはね返ってくるわけである。つまり、もともと希望子ども数の多い妻が、（出生確率を高めると彼女が考える）育児休業制度のある職場を選び、子どもを多く産むのだから、「育児休業制度の有無」と「子ども数の多さ」は擬似相関だ

37――しかもこれらの変数のなかでは「既存の子ども数」の影響力が圧倒的であり、それ以外の要因はほとんど、ちりも積もれば山となる、の「ちり」程度の影響しかもたない。この点については池周一郎氏も指摘している（「夫婦出生力は社会経済的諸条件には依存していない：夫婦出生力の安定は拡散過程の帰結である」『帝京社会学』21号、2008年、51-108頁）。

とみることもできるのである。

†実際にイベント・ヒストリー分析を行ってみる

前節までの議論を参考に、第2子出生確率を高める要因について、イベント・ヒストリー分析の一つである、離散時間ロジットモデルという精緻な分析法を用いてみよう。

分析の対象となるのは、wave1（2007年）からwave6（2012年）の間に第2子を出産した既婚女性（標本数N=59）である。第2子出生というイベントが生じる可能性を「リスク」と捉えて（これは単に言葉上の問題なので、蓋然性と言い換えても同義）、そのリスク開始時点（t^1）を「第1子出生年」とし、第1子出生から第2子出生にかかる年数に影響を与える要因を探る形式をとる。[38] 分析の手法自体は二項ロジスティック回帰という、多変量解析のなかでも比較的単純なものだが、分析を行うためにデータの形式や配置を整える作業にはそれなりの時間と技巧を要する。[39]

時間的な因果関係を丁寧にみるために、妻の年収ならびに官公庁勤務については第2子出生前年の値をとった。また夫の家事分担については、wave 1・3・5・6の4回しか尋ねていないので第2子出生があった前回調査の値を採用した。たとえば2011年に第

2子を出生した場合、2009年の夫の家事分担度をみることになる。これをモデル1とし、夫の家事分担とは別に、妻が実父母と同居または義父母と同居している効果をみるためにモデル2を作成した。その結果が次表2-2である[40]（73頁）。

38――wave1からwave6の間に第2子出生を行った既婚女性のケースは必ずしも多くないが、この数でも一応の分析は可能であろう。これまでなぜ出産意欲ではなく、出生確率（ハザード率）を直接対象とする研究が少なかったのか、不思議である。

39――イベント・ヒストリー分析を行うには、1行が1個人の情報を表すパーソンレベルデータを、1行が一つの時間単位（本章の場合、1年）を表すパーソンピリオドデータ（もしくはパーソンイヤーデータ）に変換する必要があり、この作業に多くの手間暇がかかる。この分析を行うにあたっても林雄亮氏（武蔵大学准教授）、杉野勇氏（お茶の水女子大学准教授）、常松淳氏（日本大学助教）、黒川すみれ氏（お茶の水女子大学博士後期課程）の諸氏からご指導を頂いた。むろん誤りがあればその責はすべて筆者が負うものであるが、記して感謝の念を捧げたい。

40――これ以外の説明変数の候補、たとえば配偶者・父母の教育年数、居住地の都市規模、配偶者・世帯年収、本人が大企業勤務などの要因については、最初にリスク経過年数とそれぞれの変数を投入したモデルを作成して効果がないことを確認している。それらの変数もモデルに投下したいところではあるが、二項ロジスティック回帰分析に関しては、説明変数の数×10が最低限必要なイベント発生サンプル数とされている。今回の場合、イベント発生数は59なので説明変数は5〜6個に留める必要があり、本書の考察にとって必要な変数のみを取り上げることにした。

†出生力は社会経済的諸条件に依存しない

表2-2で注目すべきは、リスク期間の経過年齢（網掛け部分）以外に、第2子出生に影響を与える要因が存在しないということである。第2子出生前年（1〜2年前）の夫の家事分担、前年の実父母・義父母との同居、さらには妻の教育年数、年収、官公庁勤務などの要因も、第2子出生になんら影響を与えていない。影響を有するのは専ら、第2子出生のリスク（蓋然性）が発生してからの経過年数であって、第1子出生から年数が経過するにしたがい第2子の出生確率が高くなっている。しかしこれは、特記する必要もない当たり前の事柄である。

ここで行った分析はあくまで試行的なものであり、今後waveや調査対象者の数が増えたり、説明変数として投入可能な要因が増えれば、さらに精緻な分析が可能になるかもしれない。しかし現時点では、巷間少子化に影響されるとしてさまざまな形で話題にされる社会経済的な地位や働き方、夫や父母からの子育て支援はほとんど影響を与えていない。

この結果をどのように解釈したらよいのだろうか。筆者には、数理社会学者の池周一郎氏がかねてより主張しているように[41]、「**夫婦出生力は社会経済的諸条件には依存していな**

表 2-2　第 2 子出生ハザード率の推定結果（有配偶女性）

モデル 1

	係数(B)	標準誤差	Wald 統計量	P>|z|	Ep(B)	95%信頼区間	
リスク期間の経過年数	0.317	0.122	2.590	0.010	1.373	0.077	0.556
本人教育年数（年）	−0.078	0.109	−0.720	0.471	0.925	−0.291	0.135
本人年収（万円）	0.000	0.001	−0.320	0.749	1.000	−0.003	0.002
官公庁勤務ダミー	−0.569	1.075	−0.530	0.597	0.566	−2.675	1.537
配偶者家事分担	0.006	0.049	0.120	0.903	1.006	−0.090	0.102
定数	−1.699	1.554	−1.090	0.274	0.183	−4.745	1.347
対数尤度	−141.895						
擬似決定係数	0.029						
観察数	449						
期間内第 2 子出生人数	59						

モデル 2

	係数(B)	標準誤差	Wald 統計量	P>|z|	Ep(B)	95%信頼区間	
リスク期間の経過年数	0.413	0.114	3.630	0.000	1.512	0.190	0.636
本人教育年数（年）	−0.022	0.096	−0.230	0.822	0.979	−0.210	0.166
本人年収（万円）	0.000	0.001	−0.250	0.800	1.000	−0.002	0.002
官公庁勤務ダミー	−0.793	1.059	−0.750	0.454	0.452	−2.869	1.283
実父母との同居ダミー（同居＝1）	0.566	0.445	1.270	0.203	1.762	−0.305	1.438
義父母との同居ダミー（同居＝1）	0.116	0.523	0.220	0.825	1.123	−0.910	1.142
定数	−2.741	1.394	−1.970	0.049	0.065	−5.472	−0.010
対数尤度	−171.712						
擬似決定係数	0.045						
観察数	582						
期間内第 2 子出生人数	59						

注 1：JLPS 若年調査・壮年調査 wave 1（2007）〜wave 6（2012）より著者作成。
注 2：本人教育は時間不変変数。本人年収・官公庁勤務は時間依存変数（前年の値）。
注 3：配偶者家事分担は第 2 子出生の前回調査の値をとった。

い」という解釈が妥当であるように思われる。池氏によれば夫婦出生力の安定は、分子のブラウン運動（ランダムなゆらぎ）にも似て、「夫婦の子ども数は他の夫婦の子ども数の影響を相互に受けて変化する」という原理に従った、低出生行動（つまり夫婦単位の少子化）の伝播・拡散の帰結とされる。筆者にとってもこの理論的解釈は、きわめて魅力的にみえる。

池氏によれば、家政経済学的なミクロ理論、とりわけゲイリー・ベッカーによる子どもの「量から質への転換」説に依拠して、社会経済的な諸条件と夫婦の選好により子ども数が決まるとする実証研究（重回帰モデル）は、「夫婦の完結子ども数（＝最終的に産む子どもの数：筆者注）の低下」という、最も大きな効果をもつ変数を無視している上に、それぞれの独立変数の影響力の強さが0であるかどうかを検討する偏回帰係数の有意性検定を無分別に用いており、「科学的検証とは程遠い」という。[42]

またイベント・ヒストリー分析の代表例として、本章でみた山口氏の研究を取り上げ、ここでも「既往出生児数が最大の係数を示していること」が全く無視されていると、きわめて的確な指摘を行っている。池氏によれば、出生意向の多くの部分は既存の子ども数で決まっており、他の社会経済的条件は夫婦が最終的にもうける子どもの数、すなわち完結出生力にほとんど影響を与えていない。そのことこそが、夫婦出生力の「拡散説」の明らかな証拠となるというのである。

池氏の拡散説は、夫婦の子ども数選択が、周囲に依存してゆらぐ「反応拡散系」であるという想定のもとに、18世紀末にヨーロッパで始まり、多くの国で夫婦出生力が2・1近傍へと低下した現象を説明するものである。[43]このモデルは歴史人口学の観点からも興味深く、刺激的であるが、本節では社会調査の方法論やリサーチ・リテラシーの観点から、説明変数がほとんど有意性をもたないモデルが研究者によってどのような扱いを受けるかという問題を考えてみたい。

†「都合の悪い」データはお蔵入り

端的にいって、表2-2のように、統計的に有意な影響を与える変数が少ないモデルは、

41——池、前掲論文。池周一郎『夫婦出生力の低下と拡散仮説：有配偶完結出生力低下の反応拡散モデル』古今書院、2009年。
42——池、前掲論文、57頁。
43——前掲書、1頁。

公刊されずに闇に葬られる可能性が高い。

たとえば仮に筆者が「夫の家事分担が第2子出生確率を高める」というワークライフバランス派の学者であったと反実仮想してみよう。すると、仮に悪意がなくても、前節のような結果を目の当たりにしたとき、自分の分析にまだ落ち度がある（不十分である）とか、ケース数が充分でないとか考えて、「都合の悪い」データの公表を控えるかもしれない。また筆者が有力な学会誌に論文が掲載されることを喜びとする野心的な学者であれば、このように説明変数や回帰モデルの統計学的有意性を確認できないデータは、そもそも掲載される確率が低いと考えて、「ボツ」にしかねない。[44] このように研究者にとって否定的な結果が生じた場合に、肯定的な結果が出た場合に比べて公表されにくい偏りのことを**出版バイアス**（または**公表バイアス**）という。

仮に、いくつかの説明変数に統計学的有意性が認められたとしても、[45] 本章でみたような「微妙な」効果は、出生率全体に影響を与える要因の中ではきわめて局所的な効果にすぎないことは、再度指摘しておかねばならない。要するにこれらの研究群は、少子化を進行させる文明史的、地球史的な大きな作用因、たとえば都市化による出生力の低下や、夫婦の出生行動の拡散過程を等閑視した上に、「ちりも積もれば山となる」といわんばかりに、出生率をわずかに上昇させる（かもしれない）「ちり」的な要因を次々と列挙するような研究になりかねないのである。

こうした研究の跳梁跋扈には、若干の諦念を交えつつ嘆息するしかないのだが、「少子化対策に有効」を煽り文句とするような研究群に対しては、これからも疑いの目を向けていく必要があるだろう。

より問題なのは、希望子ども数や追加的な出産意欲といった「意識」や「願望」に影響を与える変数と、実際に子どもを生むという「行動」に影響を与える変数が異なる可能性が、十分に検討されていないことである。仮に両者が異なる場合、出産意欲を高めるだけで実際には出生行動につながらない要因がゴリ押しされたり、逆に、出産意欲を高めるわけではないにせよ実際に出生行動につながる要因が見過ごされかねない。前者の場合、意

44——もっとも、これまで統計学で主流の考え方であった頻度主義統計学に基づけば、この考え方にも一理はある。モデル全体や個々の説明変数の統計学的有意性が確認できないとは、証明したい仮説と対立する帰無（ゼロ）仮説が棄却されなかったにすぎないのであり、帰無（ゼロ）仮説と対立する仮説の正しさを意味するわけではないからである。
45——二項ロジスティック回帰分析の場合、回帰係数を標準誤差で割ったWald統計量が0でないことが、統計的に有意であることを意味する。

欲だけはあって行動には移せない、一種の欲求不満状態が高まると考えられるし、後者は真に有効な少子化対策を実行する機会を損失させてしまうであろう。

筆者自身は、出生率上昇を目指す多くの少子化対策に対して、まずはその有効性の観点から、次いで社会正義の観点、すなわちどのような少子化対策がフェアネスの原則を満たす社会政策でありうるのかという観点から、疑義を申し立てる立場である（むしろ少子化対策を声高に謳わないほうが、実際の出生率向上には寄与するとさえ考えている）。しかし出生率の上昇を目標とする政策的立場を首肯する人にとってさえ、前者の事態も後者の事態も、望ましいとはいえないであろう。

本章では、パネル調査に基づく分析の有効性と、女性が子どもを出産する確率に影響を与える要因を探る研究群の限界を同時に取り上げてきた。次章では、視点を男性に転じて、男性の結婚を支援する少子化対策の限界を考えてみることにしよう。

第3章

男性を支援すれば、子どもは増えるのか?

†「できるのにしない」から「したくてもできない」へ

ここ10年の少子化対策を振り返ってみると、大きく変化したと間違いなくいえることが一つある。

少子化をめぐる言説においては、ふるくから「結婚できるのにあえてしない」のか「結婚したくてもできない」のか、あるいは「あえて子どもを産まない」のか「子どもを産みたくても産めないのか」という、対立する認識が存在した。『結婚できない男』(2006)、『結婚しない』(2012)、『独身貴族』(2013)、『家族のカタチ』(2016)、『私、結婚できないんじゃなくて、しないんです』(2016)など、フジテレビとTBSが好んでドラマの題材として取り上げるテーマであるが、2000年代の前半までは、独身貴族、パラサイト・シングル、負け犬、萌える男、草食系男子、おひとりさまなど、自発的に「結婚しない」という選択をしている男女に焦点が当てられることが多かった。

この分野の先達である家族社会学者の山田昌弘氏は、1994年頃から収入の低い男性が結婚しにくいという事実を何度も指摘してきたが、この事実を公表しようとすると、新聞や自治体や政府の研究会からストップがかかったというエピソードを述懐している。[46]

もっともこうしたタブーは徐々に取り払われていったようで、2000年代の後半からは、低年収や非正規雇用の男性の結婚しにくさや「婚活」の重要性が問題提起され、「結婚したくてもできない」「子どもを産みたくても産めない」というリアリティが、少子化対策の文脈で強調されるようになった。結婚や出産はあくまで個人の自由意志に基づくが、「結婚したくてもできない」、「子どもを産みたくても産めない」という状況が存在する以上、そうした障害を取り除くための社会福祉的な政策を行うことが政府の責務であるという議論が主流を占めるようになっていったのである。

筆者自身は、低出生率・人口減少を前提とした公平な社会制度を構築することが社会正義の観点から必要であり、出生率を高めるという意味での少子化対策を論じることにあまり意味はないと信じる立場である。だが仮に百歩譲って出生率回復を目標とする立場を首肯したとしても、「結婚したくてもできない」「子どもを産みたくても産めない」リアリティを強調するような少子化対策では、その有効性には限界があると考えている。この章では、特に男性が「結婚したくてもできない」ことを強調する言説のいくつかを取り上げ、

46——山田昌弘『少子社会日本』岩波新書、2007年、61頁。

実証的かつ理論的な観点から批判的に検討してみよう。

†男性の年収が増えれば子どもは増えるのか

すでに山田昌弘氏が述べているように、収入の低い男性が結婚しにくいという事実は、近年の大規模社会調査によっても確認されるところである。２００８年に実施された全国家族調査を用いて筆者が確認したところでも、28〜39歳の男性では収入が高いほど結婚している確率が高い（図3-1の左側グラフ）[47]。また正規雇用に従事する男性の結婚率は、非正規の男性に比べて約22％高い（正規雇用男性の結婚率は70・7％、非正規雇用の男性は48・9％）。もっとも年齢が高くなるほど年収が増えたり、正規雇用率が高まると考えられるので、年齢を統制した二項ロジスティック回帰分析を行うと、正規雇用の効果は消え、年収の効果だけが残る。つまり、年齢が高くなると正規雇用率が高まるという関係がみられるために、正規雇用の効果は年齢によって代替され、年収の効果だけが残り続けたと考えられる。

逆に28〜39歳の女性の場合、本人の年収が高くなるほど結婚率は下がる（図3-1の右側グラフ。ちなみに年齢を統制しても同じ結果となる）。これは女性の場合、結婚後に無職（専

図3-1

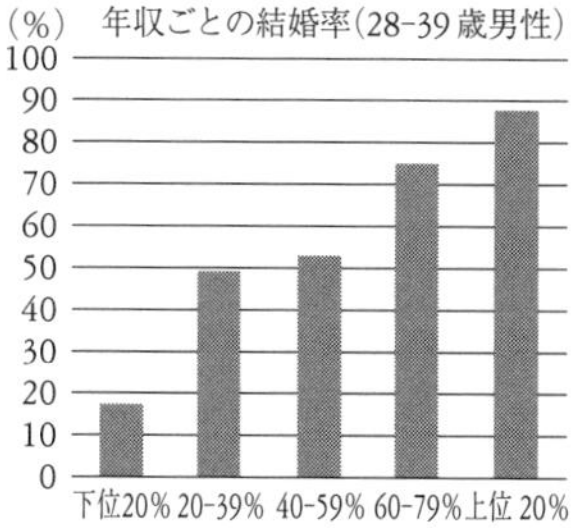

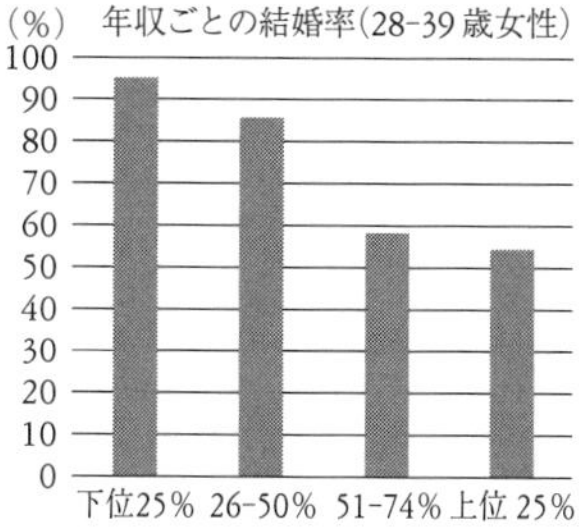

ロジスティック回帰分析(28-39歳男性)

独立変数	係数	標準誤差
年齢	0.044	0.001
本人収入	0.006	−0.042***
正規雇用D	0.205	0.268
(定数)	−3.227	1.062**
対数尤度	−294.023	
擬似決定係数	0.149	
N	544	

注：+: $p<0.10$、*: $p<0.05$、**: $p<0.01$、***: $p<0.001$
従属変数：結婚する

ロジスティック回帰分析(28-39歳女性)

独立変数	係数	標準誤差
年齢	0.237	0.035***
本人収入	−0.003	0.001***
正規雇用D	−0.419	0.285
(定数)	−3.227	1.062***
対数尤度	−237.239	
擬似決定係数	0.170	
N	447	

注：+: $p<0.10$、*: $p<0.05$、**: $p<0.01$、***: $p<0.001$
従属変数：結婚する

(筆者作成)

業主婦）になったり、パート・派遣社員などの非正規雇用に就くことが多いからだと思われる。

先にみたように、男性の場合、たしかに年収の高さが結婚率に影響を与える。第2章で確認したように、出生率低下に寄与する要因としては、有配偶率の低下（非婚化の進行）が有配偶出生率の低下（結婚した夫婦が産

47――第1章注19を参照。

む子ども数の減少）をはるかに上回る（約9：1）[48]。筆者もかつて、有配偶出生率の低下より有配偶率の低下の影響が大きいことを紹介したうえで、「子持ちの夫婦をさらに支援するような政策より、独身男女に出会いの場を提供したり（お見合いパーティ?）、結婚費用を肩代わりするような結婚奨励策のほうが、二倍効果があるかもしれない」と述べたことがある。[49] 現在では結婚奨励は、子持ちの夫婦支援の9倍効果があるといわねばならないようだ。男性の年収を高めることもまた、こうした「結婚奨励」の一環にみえてくる。

しかし、それで出生率が高まってくれるなら結構なことだが、世界と世間は、それほど単純なのだろうか。

たとえば極端な結婚奨励策として、40歳未満男性の年収を、上から数えて真ん中にある中央値の450万円（平均値は423万円、上から40～60％とほぼ同じ）から上位20％に該当する750万円まで引き上げる政策を実施したとする。理屈の上では結婚確率は、収入の上位40～60％層の結婚確率50％前後から、収入上位20％層の結婚確率90％程度にまで上昇するはずである。もちろん年収が上がれば、生活に余裕ができて、出産・子育てを含めた将来の生活の見通しがたって、結婚や出産に踏み切る人が増えると考えることは、不自然ではない。低収入の男性は「結婚できるのにしない」のではなく、「結婚したくてもできない」のだから、結婚が可能になるような収入を援助すればよいのだ、というわけである。

†ハイパガミー志向とは？

しかしこうした議論が見落としているのは、**結婚相手となるべき女性が、自分よりも経済的・社会的に有利な地位をもつと期待される男性との結婚を求める傾向を有する**ことである。こうした傾向のことを**ハイパガミー（＝女性上昇婚）志向**と呼ぶ。山田昌弘氏がかつてパラサイト・シングル論で提起したのは、低成長下でかつ女性の社会進出・男女平等が進む現代では、生活水準に対する女性の願望を満たす男性の数が少なくなるがゆえに結婚数が減少するというメカニズムであった。

男女を社会経済的観点から上層・中層・下層にわけた上で、このメカニズムを図式的に

48――岩澤美帆「少子化をもたらした未婚化および夫婦の変化」高橋重郷・大淵寛編『人口減少と少子化対策：人口学ライブラリー16』原書房、2015年、53頁。
49――赤川学『子どもが減って何が悪いか！』ちくま新書、2004年、141頁。

図3-2

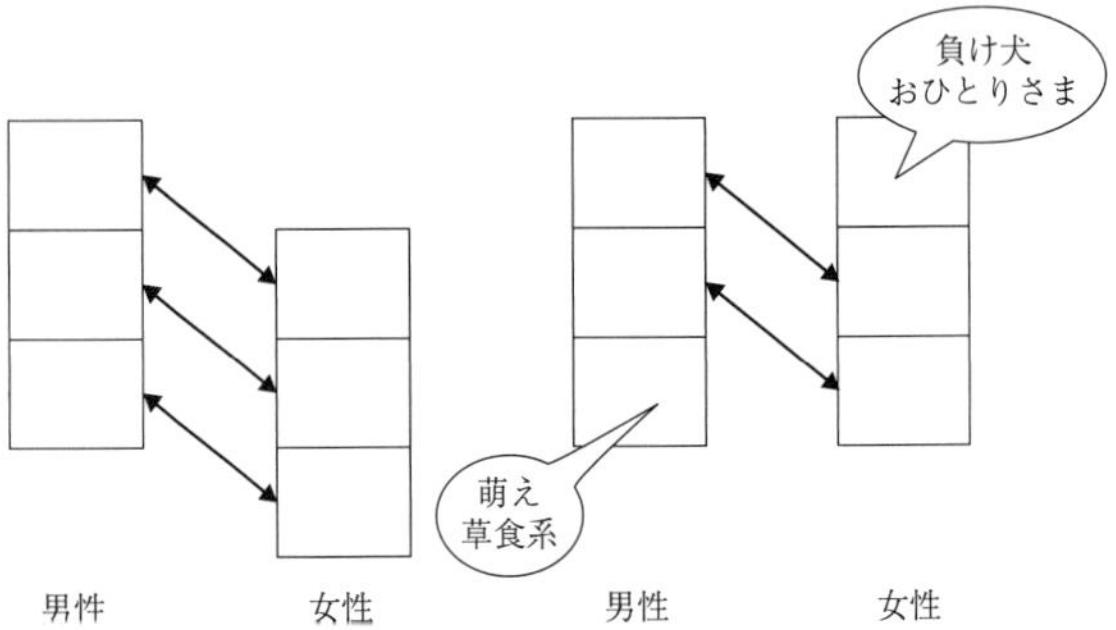

表現してみよう。男女の社会経済的地位に格差があり、ハイパガミー志向がある社会では、男女双方の願望が実現しやすく結婚確率が高くなる（図3-2の左側）。ところが女性の社会経済的地位が高まり男女平等が進むと、男性上層と女性中層、男性中層と女性下層は結婚できるが、女性上層と男性下層は結婚相手をみつけにくくなってしまう（図3-2の右側）。

ハイパガミー志向が現在でも持続しているかどうかについては、さらに詳細な検討が必要である。しかしこの考え方を用いると、2000年代に流行した「負け犬」や「萌え」現象にも一定の理解を与えることができる。

「負け犬」とは、30代・未婚・子なしの女性を意味する言葉であるが、これは、男女平等が進む時代に上層に位置を占めた女性が、自己を自虐的（しかし実は優越感に浸って）表現した言葉と理解することができる。他方、『電波男』『萌える男』など、二次元キャラクターに「萌え」、架空の女性との純愛に救済を求める本田透氏[50]の叫びは、資本主義システムに侵された現実の恋愛に対する、一種の決別宣言であった。このように、上層の女性は、結婚相手たる男性に求める期待水準を下げないがゆえに未婚となり、下層の男性は、現実世界の女性に対する期待を捨てて二次元キャラクターとの純愛世界に旅立つがゆえに、（世間からみれば）未婚となるのである。

ところで先の極端な結婚奨励策の場合、男性の収入のみを増やすのだから、男女の社会経済的格差は広がって、図3-2の左側のような状況が再現され、結婚率が高まるのではないかと思われた方がいるかもしれない。たしかにそれは、なかなかよい疑問である。

実際にそのような政策が可能であるならば、ハイパガミーに基づく結婚を増やすことは可能かもしれない。しかし現実には雇用機会均等、ワークライフバランス、同一労働同一賃金などの観点から、このような政策を実行するのは難しいし、女性の収入も高めざるをえないであろう。その場合、図の左側への移行は生じず、右側の構造に変化はないと考え

50——本田透『電波男』三才ブックス、2005年。同『萌える男』ちくま新書、2005年。

られる。また仮に男性の収入だけを高める性差別的な政策を行いえたとしても（むろん筆者は否定するが）、結婚相手である男性に対して女性が求める基準が上昇するだけに終わる可能性も考えられる。つまり、男性の年収が750万円になるから誰もが結婚できるようになるのではなく、女性の間でさらに高い年収の男性（セレブ男性、アラブの富豪？）を獲得しようとする競争が激化するだけではないだろうか。

いずれにしても、この二つの可能性を無視して、「男性の収入が高くなれば結婚確率が高まる」と結論することは避けなければならない。むしろ真に問うべきなのは、女性が自分よりも社会的地位（たとえば学歴）の高い男性と結婚するというハイパガミーの傾向がどれだけ変化しうるのか、という問題であろう。仮に女性が自分と同等か、自分より下位の男性と結婚する傾向が強まるとすれば、男女の平等が達成されるのにともなって、結婚できる蓋然性が上昇していくはずだからである。

†ハイパガミーのゆくえ

それにしてもハイパガミー（女性上昇婚）の傾向は、本当に不変なのだろうか。山田昌弘氏がパラサイト・シングル論などで、ハイパガミーの変わりづらさを指摘した1990

年代には、「実際にはホモガミー（＝自分に似た人、あるいは同類の人と結婚する傾向、同類婚）が婚姻形態の主流である」という類の反論をときおり目にした記憶がある。たしかに人間には、自分と似たような性質をもった人とつながりやすい傾向（＝ホモフィリー）があるので、あえて年齢や学歴で自分とは異なる層の人間と結婚するハイパガミーは、不自然にみえてもおかしくない。

そこで再びＪＬＰＳのwave1（２００７年）を使って、夫の教育年数が妻のそれと同じカップルを「**学歴ホモガミー（同類婚）**」、夫の教育年数が妻のそれを上回るカップルを「**学歴ハイパガミー（女性上昇婚）**」、夫の教育年数が妻のそれを下回るカップルを「**学歴ハイポガミー（女性下降婚）**」と呼ぶことにすると、その比率は順に41・2％、36・6％、22・4％となる（カップル総数２２１１）。ここでは学歴ホモガミーがもっとも主流の婚姻形態であり、ハイパガミーが他を圧倒して多いわけではない。

ただし、このデータの読み方には2点、注意が必要である。

第一に、学歴ホモガミーは、ハイパガミーを選べなかった女性にとって次善の選択になっている可能性がある。ハンガリーの行動科学者ベレツキーとツァナキーによれば、格差が大きく男性が資源を占有している社会では、女性上昇婚が子どもの生存確率を高めるための慣習となるが、富や地位格差が小さく女性が資源を獲得できる社会では、同類婚が一般的になる。なぜなら女性が選択できる、高い地位を有する男性数が少なくなるからである。[51]本章で述べてきたのと同様の理路を経る議論といえるが、ハイパガミーやホモガミーに進化上の包括適応度、すなわち自分の子孫だけでなく血縁者も含めて自分の遺伝子を残す成功度合を高める効果を認めている点が、進化生物学の面目躍如というべきだろう。

第二に、ここで注目すべきは、学歴ホモガミーと学歴ハイパガミーのどちらが多いか、という点ではなく、学歴ハイポガミーがいかに少ないか、という点である。ベレツキーとツァナキーにしたがって、ホモガミーを男女平等の進んだ社会におけるハイパガミーの代替戦略とみなすならば、結婚の8割弱がハイパガミーかホモガミーに分類される。[52]地位の高い女性が自分よりも地位の低い男性と結婚するハイポガミー・カップル（芸能界用語でいえば「格差婚」？）は、2割程度しか存在しないのである。少なくとも、男女平等が進展した現代日本にあっても、ハイポガミーが増えているという予兆は存在しない。

†モテ格差社会の到来

女性のハイパガミー志向に進化論的基盤が存在する可能性について、本書ではこれ以上、追求することはできない[53]。しかしここで考えたいのは、**男性の婚姻率を高めるような経済的支援や政策的支援は、少子化対策という文脈でみれば弥縫策《びほうさく》、もしくは「焼け石に水」にすぎないのではないか**という問題提起である。なぜ、そういえるのか。

すでにみてきたように、現在の少子化対策は、「未婚者の間で、恋愛を含めた結婚や出産に対する願望は依然として高い。にもかかわらず結婚や出産がしにくくなっている(例：産みたくても産めない)、ゆえに婚姻や出産に対する支援が必要だ」という社会福祉的な思想が根拠となっている。しかしこの発想では、「たしかに恋愛や結婚に対する願望は

51——Bereczkei, T. & Csanaky, A. 1996. 'Mate Choice, Marital Success, and Reroduction in a Modern Society,' *Ethology and Sociobiology*, 17: 17-35.
52——実際には、学歴ホモガミー／ハイパガミー／ハイポガミーは、教育年数という粗っぽい指標にすぎず、学校歴や、夫となる男の地位達成の見込みなどを精確に測定することができれば、より明確に学歴ハイポガミーの希少性を確認できるであろう。
53——進化生物学、進化心理学の観点からハイパガミーを論じた論文は以下の通り。
Bokek-Cohen, Y., Peres, Y., Kanazawa, S. 2008. 'Rational Choice and Evolutionary Psychology as Explanations for Mate Selectivity,' *Journal of Social, Evolutionary, and Cultural Psychology*, Vol 2(2), 42-55.
Buss, D. M., Shackelford, T. K. 2008. 'Attractive Women Want it All: Good Genes, Economic Investment, Parenting,' *Evolutionary Psychology*, 6(1): 134-146.

高い。だからこそ、恋愛や結婚が成就しにくくなっている」というパラドクスを捉えることができない。

実際、ハイパガミーのチャンスは少なくなっているかもしれないが、女性が自分より高い地位の男性や、多くの魅力を備えた男を夫として求める傾向は、日本以外の国でも、いたるところで確認できる。**女性におけるハイパガミーやホモガミー志向が薄れ、女性が自分よりも地位の低い男性を積極的に選ぶ時代が到来しないかぎり、経済的に恵まれない男性を支援したところで、彼らの婚姻率が高まる可能性は少ない**だろう。

皮肉なことに、社会福祉的な結婚支援は、魅力格差[54]やモテ格差[55]という真の問題から目を逸らさせる効果をもっているかもしれないのである。

†男女平等、格差対策、少子化対策のトリレンマ

このような観点を踏まえるとき、ハイパガミーがもたらす帰結について論じた匿名ブロガー・KY氏の論考は、筆者が近年目にした少子化論の中でも、きわめて興味深いものであった。あまりに重要な論考であるため、労を惜しまずに紹介させていただきたい。[56]

KY氏によれば、「女性は自分より年収の高い男性としか結婚したがらない」という風

図3-3

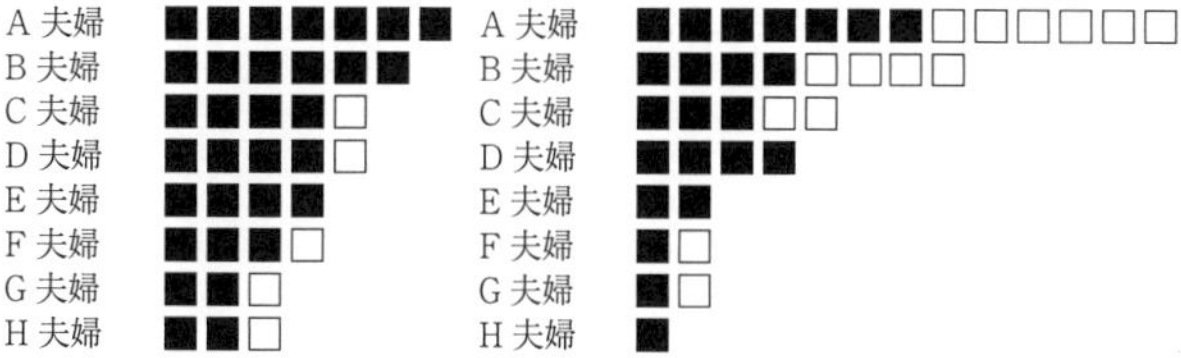

注：KYの雑記帳より。左は男女格差があった時代（＝女性が専業主婦になった社会）の仮想的世帯収入分布、右は男女平等でパワーカップルが誕生した社会の仮想的世帯収入分布。■は男性の収入、□は女性の収入を表し、■（あるいは□）1つで1人を養えるとする。世帯で4人（夫婦2人、子ども2人）が養えるように所得を再分配すると、左側では上位から2人分を移転するだけだが、右側の世帯収入分布では上位から9人分を移転せねばならず、A夫婦とB夫婦はほぼ1人分の稼ぎを税金として徴収される。

潮に加えて、男女平等が実現すると、年収の高い女性と、その人よりも年収が高い男性との夫婦、すなわち「パワーカップル」[57]が誕生することになる。このとき子どもの教育機会の平等などを実現する福祉を行うと、パワーカップルの世帯収入からほぼ半分（＝1人分）の収入を貧しい夫婦に再分配しなければならない（図3-3を参照）。

54——山田昌弘、『少子社会日本』岩波新書、2007年。

55——赤川学「モテ格差がうみだす少子化」『青少年問題』財団法人青少年問題研究会、第626号、2007年、2-7頁。なお本章の内容と本論文は一部重複する。

56——KYの雑記録「男女平等、格差対策、少子化対策のトリレンマ」http://crossacross.org/ky/?Tradeoffs+among+gender+equality+and+birth+rate、2016年5月29日検索。

57——橘木俊詔・迫田さやか『夫婦格差社会——二極化する結婚のかたち』中公新書、2013年。

しかしパワーカップル（図中のA夫婦やB夫婦）は、ほぼ片方の年収分持っていかれることになるため、夫婦のいずれかが家に入ったほうが得だと考える夫婦も出てくる。ここでハイパガミーという前提のもとに、年収の高いほうが仕事に残るとすると、必然的に女性が家に入ることになり、女性の社会進出を阻害することになる。実際、所得税を世帯単位課税とすることに対して、「女性活用」の観点から反対する人もいるらしい。

ここで生じているのは、次の事態である。すなわち（1）女性は自分より年収の高い男性としか結婚したがらないという事実（＝ハイパガミー）を受け入れた上で、（2）男女の収入の均等が達成され（＝男女平等）、（3）子どもの教育機会の均等を達成する福祉（＝格差対策）を実現しようとすると、女性の社会進出を阻害する税制にせざるを得ない。**ハイパガミーと格差対策と男女平等は、同時に達成することができない関係になっている**のである。もちろん本章でみたように、日本人全体の年収を引き上げれば、人は生活に余裕ができて出産しやすくなるという反論はありうる。しかしKY氏は、実際にはそれだけ教師や教育にかけるコストが上がって相殺されるだけで、問題は解決しないとも述べる。これも説得的な議論であろう。

ところで少子化の最大の要因は未婚化であり、その主原因が若年男性の相対的経済力の低下だとすると、少子化の要因は、男女平等のもとでのハイパガミーの結果と理解できるとKY氏はいう。これは、本章で筆者が確認してきた事実とも一致する。すると、ここでありうる選択は、(A)「女性が自分より年収の高い男性を選び続けることを容認して男性を経済的に優位にすることを最大の少子化対策とする」(＝男女平等の放棄)か、(B)「女性が収入の低い男性を主夫とすることを受け入れるよう責任の男女平等を迫る」(＝ハイパガミーの放棄)か、(C)少子化の最大要因を放置する(＝少子化対策の放棄)か、のいずれかとなる。

最初の議論とあわせて考えると、次のようになるだろう。[58] 格差対策(＝世帯単位の課税)や少子化対策(＝若年男性の経済的支援)を行おうとすれば、女性の社会進出や男女平等に水を差す。しかし女性の社会進出・男女平等を貫徹させるならば、少子化もしくは格差拡大を放置することになる。つまり「男女平等・格差対策・少子化対策を並立させようとしても多くて二つまでしか得られず、少なくともどれか一つを犠牲にせざるを得ない、とい

58――筆者の責任で、もともとの表現を多少、変更した。

うトリレンマがある」ことになる。さらにKY氏も正しく認識しているように、ここではハイパガミーの存在が前提となっているので、正確には「ハイパガミー・男女平等・格差対策・少子化対策にはクアドレンマ、すなわち四つの解を同時に実現することができない事態が存在する」といえるかもしれない。

KY氏の論考はきわめて論理的である上、透徹した思考に基づいている。筆者が近年目にした少子化対策に関する多数のブログ記事のなかでも、最も感銘を受けた論考の一つであった。[59] これだけの徹底した思考を展開できる人材を民間に抱えている日本の知的レベルは、捨てたものではない。

†ハイパガミーの放棄は可能か？

それはさておき、KY氏の結論にしたがうならば、ハイパガミーの習慣さえ捨て去ることができれば、男女平等・格差対策・少子化対策を三つとも両立できることになる。論理的な解決策はわりと単純だ。だが実は、これこそ最も容易ならざる解決策かもしれない。

というのもハイパガミーの廃棄・解消は、今にして思えば、男女共同参画やワークライフバランス、もしくは最も良質なフェミニズムの一部が夢想してきたユートピアでもあったからだ。かつて某県で男女共同参画に携わっていた行政担当者は、筆者に対して「専業主夫がもっと増えれば男女共同参画を実現できる」という夢を語ったことがある。たしかに社会経済的に地位の高い女性が、最下層に属する男性（ただし家事はしなければならない）をもっと結婚相手として選ぶという選択をしていれば、婚姻率は高まり、少子化にも一定の歯止めがかかったであろう。筆者が知るかぎり専業主夫になることを望む男性も、たしかに存在したし、今でも存在するはずだ。

もっともそのような声や政策提言が、男女共同参画の文脈でマジョリティとなることはなかった。政策用語としての「男女共同参画」が、ハイパガミーを温存したまま「強者の女性を援助[60]」するイデオロギー装置へと堕してしまったことは、残念ながら現在では認め

59――KY氏の主張にはその他にも、（A）女性の社会進出を支援するために保育所など育児のアウトソースに公金を投入すると、大局的には子どものない人から子どものある人への所得移転になって、経済的理由で子どもが持てない人々から経済的リソースを奪い、子どもを持てる余裕のある世帯に分配するという逆進構造（＝逆差別）が出現する（格差拡大の例）、（B）手厚い子育て支援のもとでは、収入が無く（あるいは容姿や性格の問題で）結婚できない男性は、高収入でモテる男性に対して独身税を支払い続ける、つまり福祉の名のもとに一部男性の奴隷化が行われている（モテ格差拡大の例）などがあり、きわめて根本的にして正当な議論が展開されている。ぜひ一読をお勧めしたい。

60――掛谷英紀『学者のウソ』ソフトバンク新書、2007年、156頁。

ざるを得ない。もちろん現在の筆者は、ハイポガミーを実行していない女性や男性を責める気にはならない。本章で紹介した進化生物学や進化心理学の文献が示唆するように、ハイパガミーには進化論的な基盤を有する可能性もあるのだから、そうした基盤に逆らえなかったからといって、ひどく謗《そし》られる謂《いわ》れもないだろう。ハイパガミーを放棄するのは、誰にとっても容易なことではないのだ。

男女平等・格差対策・少子化対策のトリレンマが解消される日がいつか来るのだろうか。筆者は、そんな日が到来することを、あまり多くを期待せずに待つことにしたい。

第4章 豊かになれば、子どもは増えるのか？

†「豊かさ」と出生率

さて1990年代のバブル崩壊以降、「失われた25年」を経て、日本は低成長、ときにマイナス成長の社会に突入したが、少子化対策の文脈では、「景気対策こそが最上の少子化対策」、「デフレを脱却して、経済が順調に成長すれば出生率の低下にも歯止めがかかる」という議論も存在する。

この議論、2006年以降に限っては、ある程度妥当する面もある。たとえば日本の経済成長の指標として、1人あたり購買力平価国内総生産（GDP、USドル）を取り上げ、これと合計特殊出生率との時系列グラフを描くと、非常に強く相関している。つまり1人あたりのGDPも、合計特殊出生率もここ10年くらいは、わずかながらも徐々に増加しており、1人あたりGDPに代表されるような「豊かさ」が高まると、出生率も上がっていくようにみえるのである（図4-1）。実際、この二つの変数の時系列相関をとると0.91、非常に強い正の相関がある。ちなみにこの傾向はGDP（兆円）を指標としてもある程度あてはまる。

では、この事実にもとづいて、「1人あたりGDPを増やせば出生率も高くなる」と結

図 4-1

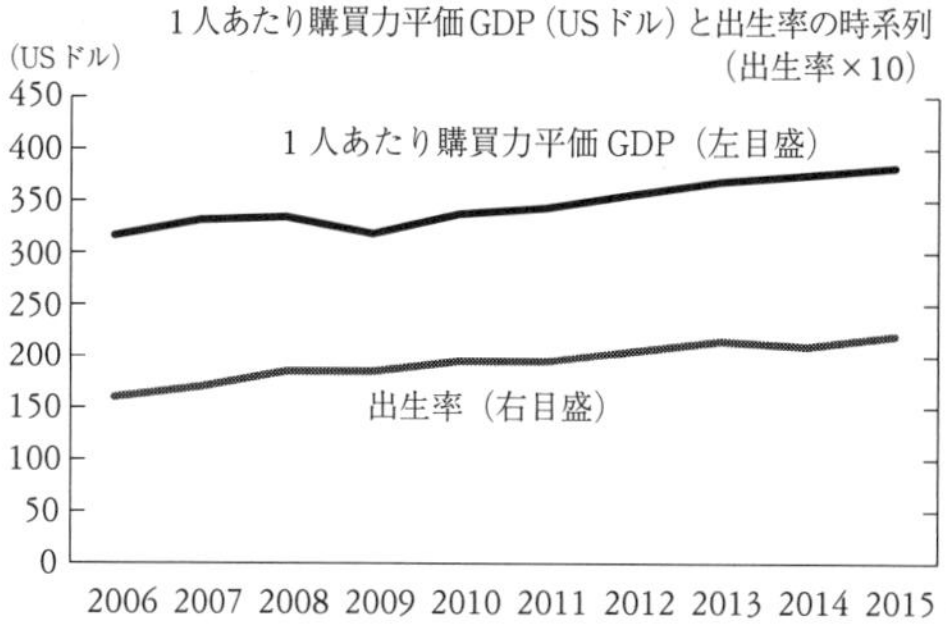

1人あたり購買力平価GDP（USドル）と出生率の時系列
（USドル）
（出生率×10）
450
400
350
300
250
200
150
100
50
0
19.0
18.0
17.0
16.0
15.0
14.0
13.0
12.0
11.0
10.0
1人あたり購買力平価GDP（左目盛）
出生率（右目盛）
2006 2007 2008 2009 2010 2011 2012 2013 2014 2015

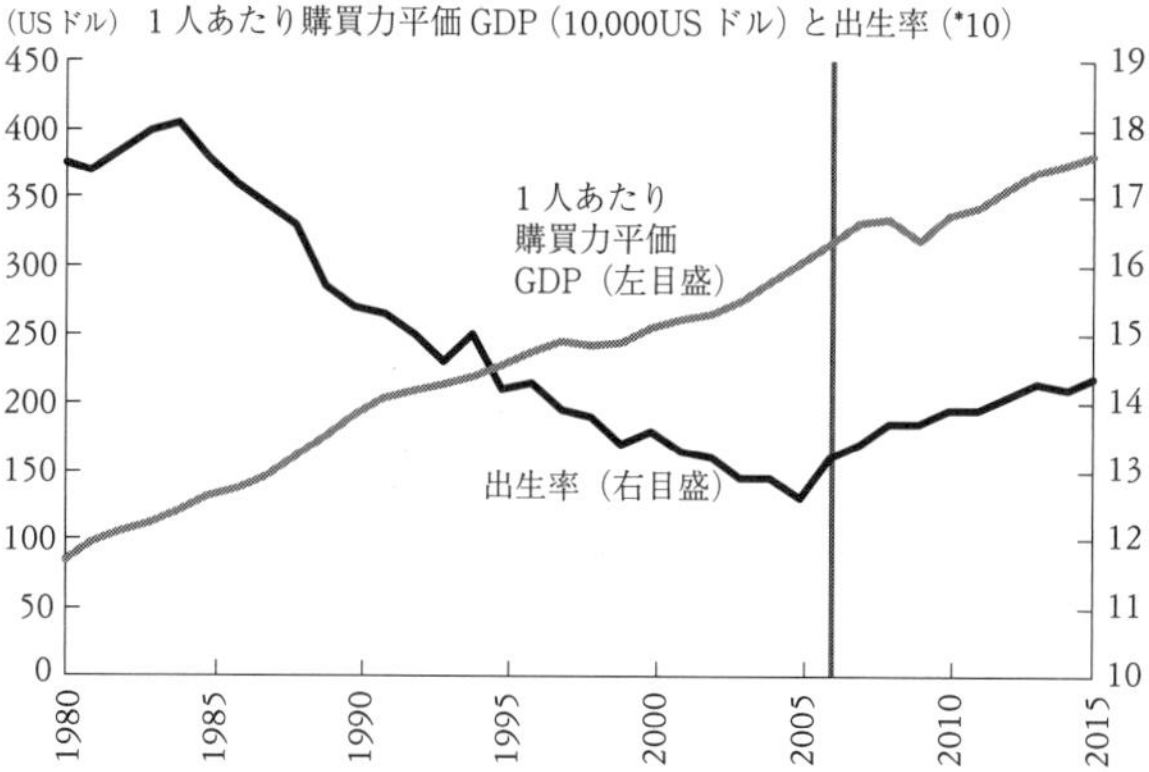

（USドル） 1人あたり購買力平価GDP（10,000USドル）と出生率（*10）
450
400
350
300
250
200
150
100
50
0
19
18
17
16
15
14
13
12
11
10
1人あたり
購買力平価
GDP（左目盛）
出生率（右目盛）
1980
1985
1990
1995
2000
2005
2010
2015

（筆者作成）

論してよいものであろうか。実のところ、GDPに代表される豊かさと出生率の関係は、時期によって大きく変化する。

たとえば先の折れ線グラフの範囲を、1980年から2015年に拡げた場合、印象は大きく異なってくる。というのも1980年から2005年の25年間に関しては、1人あたりGDPは単調増加しているのに対して、出生率はほぼ単調減少しており、この期間の時系列相関は－0.98になるからである。すなわちこの期間に関しては、「1人あたりGDPが高くなればなるほど、出生率は下がる」と言わなければならないのである。

この二つの変数の間には、1980年から2005年に関して両者はきわめて強い負の相関、2006〜15年に関してはきわめて強い正の相関があるが、この2変数の真逆といってもよい関係の変化は、いったいどのようなメカニズムによって生じたのか。これが理論的に解明されないかぎり、「1人あたりGDPを増やせば出生率も高くなる」とは容易には結論できないのである。

ちなみにこの35年間全体の時系列相関をみると、[61] －0.83という強い負の相関があり、期間全体をみれば「1人あたりGDPが高くなればなるほど出生率は低くなる」と結論せざるをえない。GDPそのものやGDPの増加率（経済成長率）を指標としても、同様の

図4-2　世界各国の所得水準と出生率との相関

（183ヶ国、2012年）

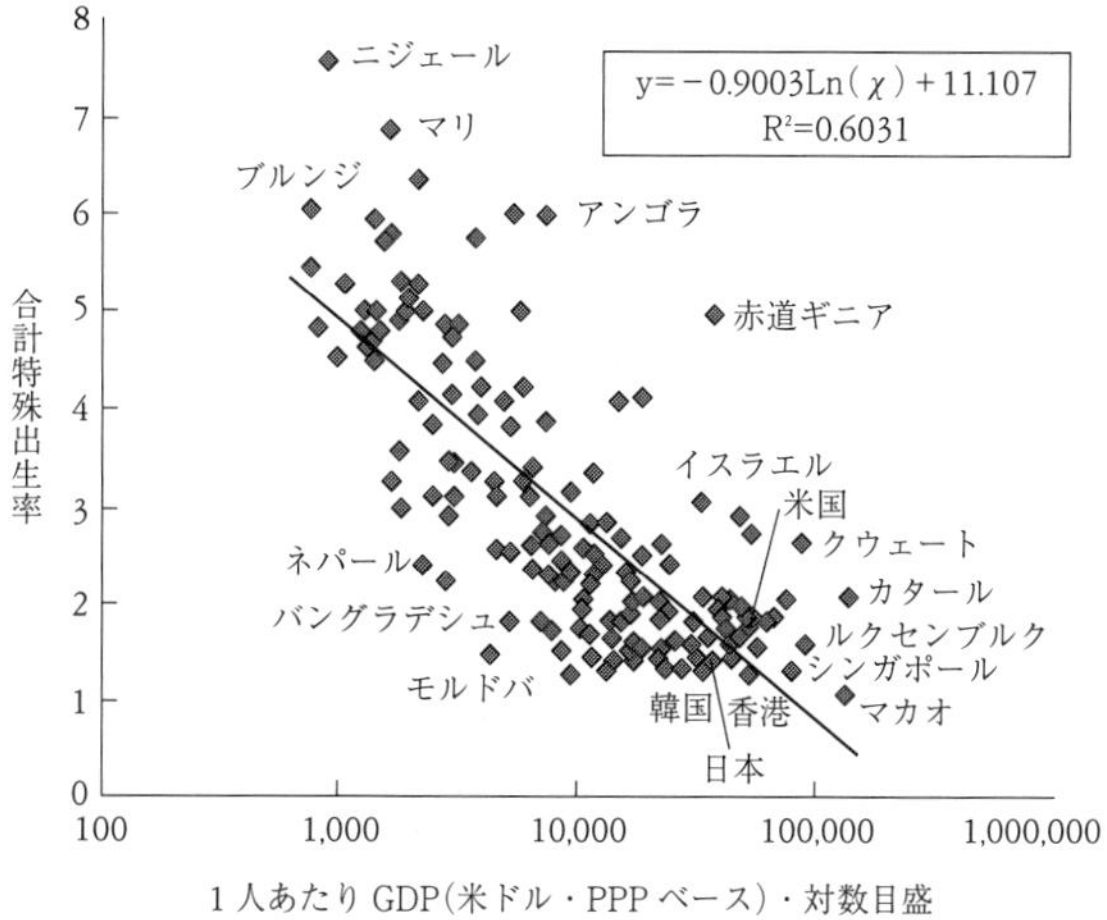

（資料）世界銀行　WDI Online 2015.4.14
（http://www2.ttcn.ne.jp/honkawa/1563.html）
社会実情データ図録

ことが指摘できるので、**第二次世界大戦後全体を通してみれば、「経済成長こそが少子化を推進してきた」とさえいわねばならない**のである。

このような一国内の時系列の関係とは別に、1人あたりGDPに代表される「豊かさ」と出生率の関係を全世界的な規模で

61――ある年の出生率とその前年のGDPの相関関係をみている。より本格的にはOLS（最小二乗法）による推定を行い、ダービン・ワトソン検定などを行う必要があるが、ここでは省略。以下同様。

確認してみたら、どうなるだろうか。たとえば2005年のデータを取得できる183ヶ国に関して、1人あたりGDPと出生率をプロットしたグラフ（図4-2）では、明確な負の相関が存在する。[62] つまり「**豊かな国であればあるほど出生率は低い**」と言わなければならない。1人あたりGDPが1万ドル以上の国、すなわち先進国に限ればこの傾向は明確ではないが、全世界的にみれば、豊かな国ほど出生率が低いという関連が存在することは明らかであろう。このことは人口学ではほぼ常識の範囲に属する事柄と思われる。

†21世紀日本も「貧乏人の子沢山」？

さらに個票単位の社会調査でみた場合、豊かな人（世帯）ほど子ども数が多いといえるであろうか。

全国家族調査2008年版（NFRJ08）の個票を用いて、世帯年収ごとに28歳から39歳までの有配偶女性の子ども数がどう異なるかを確認してみた（図4-3、図4-4）。図4-3は世帯年収を「300万［円］未満／300～600万／600～900万／900～1200万／1200万以上」の5カテゴリーに分類したものである。統計的に有意な差があるわけではないので、過剰な解釈は差し控えるべきだが、世帯年収300万未満

図 4-3　有配偶女性（28-39 歳）の世帯年収別子ども数（平均）

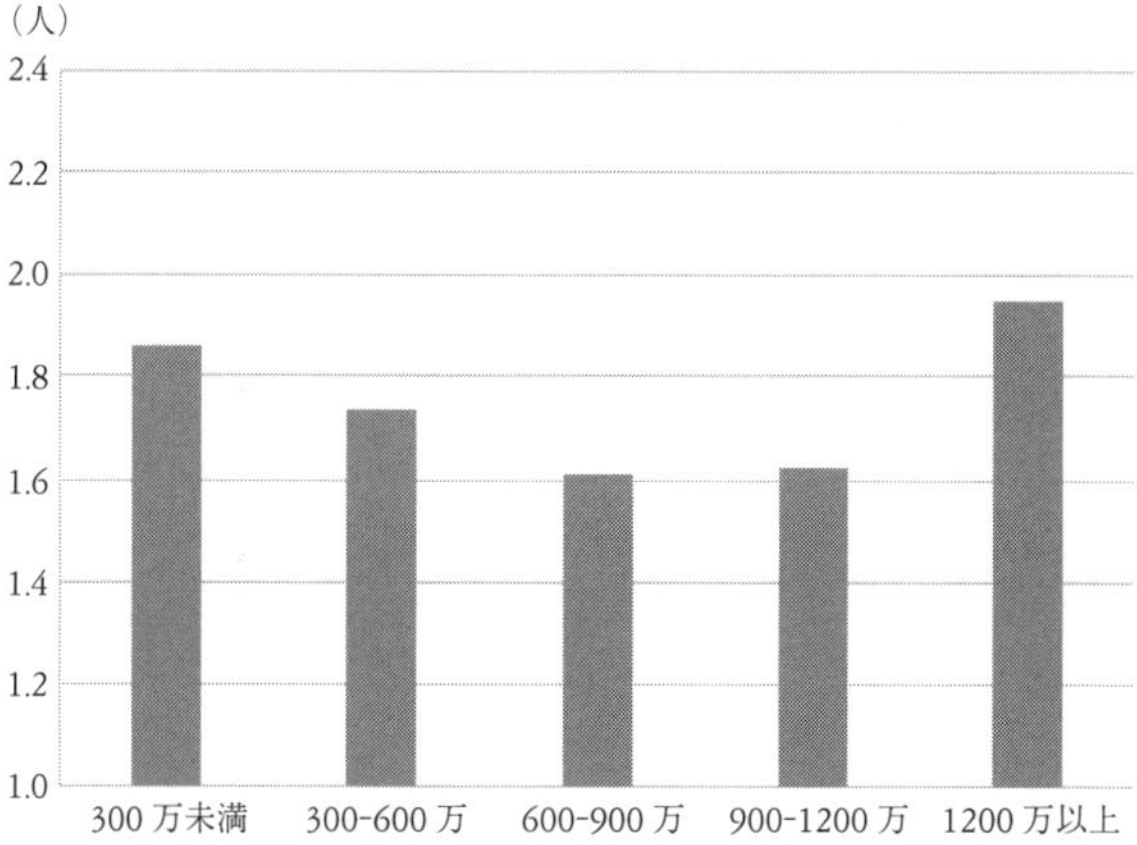

図 4-4　有配偶女性（28-39 歳）の等価世帯収入別子ども数（平均）

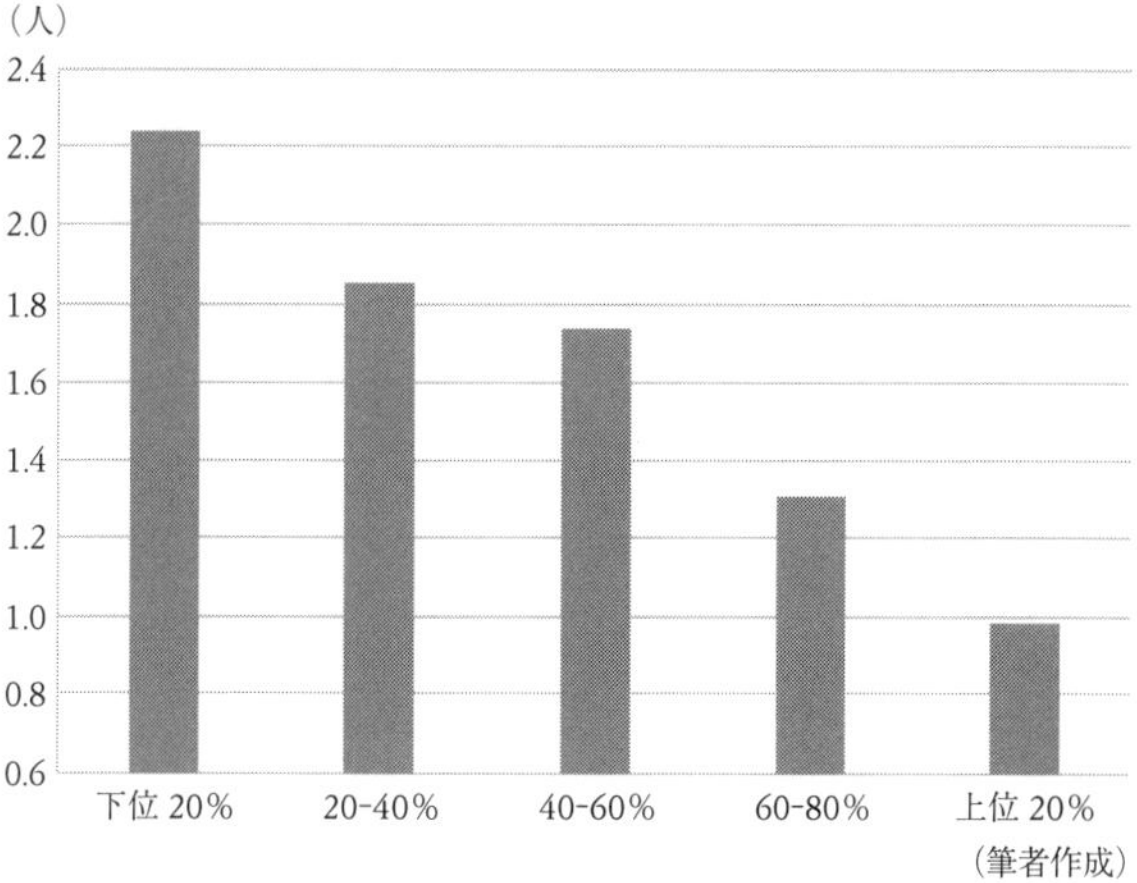

（筆者作成）

と1200万以上という対極に位置する女性の子ども数が多い傾向があるようにみえる。

図4-4は、同居する世帯人数の影響を取り除いた「等価世帯収入」という値を用いて「上位20%~下位20%」に5分類した上で平均子ども数を比較したものである。[63] ここには、世帯収入が低い有配偶女性ほど子ども数が多い傾向が明確に表れている。アダム・スミスが『国富論』冒頭で指摘するような、「貧乏人の子沢山」傾向が、21世紀の日本においても確認できる。[64]

以上みてきたように、国際比較でみても、日本国内の時系列でみても、個人や世帯の単位でみても、GDPや年収に代表されるような「豊かさ」が、出生率や子ども数を高める効果をもつかどうか定かではない。経済成長と出生率が強く相関する時期が存在したことは確かであるが、近年のデータの多くは、豊かになればなるほど出生率や子ども数が減少することを示唆している。もちろん豊かさと出生率の関係はなかなか複雑で、本書ではのちに社会学者・高田保馬の理論を用いてこれを検証する予定であるが、少なくとも少子化対策という文脈における経済的支援（景気対策、子ども手当など）が、出生率を十分に高めるかどうかについては、いささか懐疑的にならざるをえない。

ただし、だからといって経済的支援が必要でない、と述べたいわけではない。特に近年は、少子化対策や子育て支援、あるいはより範囲を広げて介護、医療、女性や高齢者の就労支援こそが経済を成長させる戦略であるという議論も登場しているからだ。

次節では、この問題を取り上げてみよう。

†成長戦略としての子育て支援

たとえばここに、保育サービスの充実と、子育て中の専業主婦世帯への年間60万円の給付(たとえば「子ども手当」)を行えば、専業主婦が新たに従業することの効果を含めてGDPが年間1・4兆円増加するという試算がある。[65]

62――http://ecitizen.jp/Images/fertility/e59bb31.png、2016年5月30日閲覧。
63――日本では未婚女性が子どもを産むことはいまだ例外的なので、ここでは分析対象を現在、夫がいる妻(有配偶女性)に絞っている。
64――ただし2005年に行われた「社会階層と社会移動」全国調査(SSM2005)では、世帯収入による子ども数の平均に有意差はないので、すべての大規模調査で同様の傾向が確認できるとまではいえない。なお二次分析に当たり、東京大学社会科学研究所附属社会調査・データアーカイブ研究センターSSJデータアーカイブから〔「2005年社会階層と社会移動(SSM)全国調査」(2005SSM研究会データ管理委員会)〕の個票データの提供を受けた。
65――盛山和夫『社会保障が経済を強くする:少子高齢社会の成長戦略』光文社新書、2015年。

この議論、もちろん正しい面はある。専業主婦が新たに従業すれば、それはどんな形であれＧＤＰの増加に寄与する。端的にいって、子どもをもつ人が、お金を払って自分の子どもを他人に保育させ、お金を頂いて他人の子どもを保育すれば、自分の子どもを保育していた時には経済活動に含まれなかった保育・子育て活動がＧＤＰの一部としてカウントされる。仮に他人の子どもを保育する保育士の平均年収を３２０万円とし、15歳未満の子どもに保育・教育費用が支払われるとすると、15歳未満子ども数は約１６０７万人なので、３２０万円×１６０７万人＝約51兆円で、年間ＧＤＰの約10％がただちに経済成長することになる。

つまり、相互に他人の子どもを保育するという「子育て交換」（？）のルールを設けるだけで、見かけ上は驚異的な経済成長が達成されるわけである。

もっとも、この種の議論に対して、「これは本当に経済成長といえるのか」と違和感をもつ人がいるかもしれない。なぜなら、子育てを交換する前と後とでは、子育て活動全体の量も（おそらくは質も）変わっていないからである。これは、身内で売買することで見かけ上、売上が増えたようにみえる「花見酒の経済」に過ぎないのではないかという疑問はあってしかるべきである。[66] しかしＧＤＰの計算は実際に、そのようになされている。あるいは、昔懐かしい無償労働の議論に基づいて、親が自分の子どもの保育士になったと考えても同じことである。現在無償とされている労働市場の交換価値（価格）に置き換える方法を用いるなら、花見酒の経済どころか、親が自分の子どもの保育士になったと見立てるだけで、名目GDPはいくらでも増えるのだ。[67]

したがって、名目GDPを増やしたいだけなら、子育て交換のルールを設けたり、自分の子どもの子育てを政府公認の保育サービスと認めてもらうだけで、GDPは一気に増大する。介護に関しても同様のことがいえる。また、そこまで冷めた見方を取らなくても、軍需産業、国土強靭化、観光立国、人工知能、攻めの農業、メタンハイドレート・レアアースなどの資源産業など、経済成長につながりそうな産業育成には、積極的に取り組んでみる価値がある。そうした観点からみたときに、アベノミクスが目標とする「名目GDP

66――ちなみにこの子育て交換に基づく子育て活動がGDPにカウントされるためには、全員が公務員として雇用される必要がある。なぜなら公務員の給与はGDPの「政府最終消費支出」に含まれるが、民間企業からの給与はすでに計上された企業からの所得移転とみなされて、GDPにカウントされないからだ。三橋貴明『中国崩壊後の世界』小学館新書、2015年を参照のこと。

67――企業などの研究開発費をGDPの計算に組み込むだけで、GDPが年間15兆円増えたことになるのと同じことである。

600兆円」は決して夢物語ではない。[68]

†子育て支援で出生率は回復？

それはさておき、子育て、年金、医療、介護などへの積極的な投資、すなわち「強い社会保障」が国民の内需を掘り起こし、持続的な経済成長が可能になるという立論は可能である（もっともそれらが他の成長産業に比べてどれだけ生産的か、効率的かという問いはあってよい）。だがこれが持続的な出生率の上昇につながるかどうかは、定かではない。というよりデータでみるかぎり、世界的傾向としても、日本国内に限っても、そのような事実を確認することは難しい。

しかし内閣府や政府系の少子化対策推進者の考えは異なるようだ。たとえば平成27年度版『少子化社会対策白書』にも掲載され、内閣府の少子化危機突破タスクフォース（第2期）委員を務めた渥美由喜氏が2014年2月28日に提出した資料（図4-5）によれば、[69]「家族関係社会支出の対GDP比と出生率の時系列推移を見ると、出生率が2・0に近い国は（米国を除く）おおむね3％を超えてから、出生率が反転、回復しており、正の相関関係がみられる。逆に、3％未満の水準にとどまっている日本、ドイツ、イタリアの出生率は低迷している」とされる。国際比較の難点については、第1章ですでに論じたところだが、いま一度、これらの議論を精査してみよう。

渥美氏が提出した日本のグラフをみると、たしかに家族や子育てを国家が支援する家族関係社会支出がGDPに占める割合は低く（1％未満）、合計出生率も低い。それでも家族関係支出の割合は1990年後半以降、増加しているようにみえるが、合計特殊出生率の動きは連動しておらず、時系列の相関があるようにはみえない。

68――なお元ゴールドマン・サックスのアナリストでもある小西美術工芸社長のデービッド・アトキンソン氏は、「ウーマノミクス」で710万の新規雇用が生まれ、GDPが12・5％上がるといった類の主張は怪しいと述べている。第一の理由は、日本より女性従業率の高い先進国は少なくないものの、人口数千万人以上の国で女性従業率が70％を超えている国は一つもなく、日本の女性従業率もこれ以上の上積み効果が見込めないことである。第二の理由は、日本では女性従業率が低いかわりに男性の従業率が高く、「女性従業率が高くなっている国では、人口の少ない国を除いては、男性従業率が下がる傾向がある」、すなわち男性不況（Mancession）が起きる可能性があることである（『イギリス人アナリスト日本の国宝を守る』講談社＋α新書、2014年、50-51頁）。

いずれもこれまでに指摘されることが少なかった、傾聴に値する議論といえよう。

69――http://www8.cao.go.jp/shoushi/shoushika/meeting/taskforce_2nd/t_3/pdf/s5.pdf（2016年5月30日検索）。同様のデータはこれまでも至るところで報告されてきたが、ここで渥美氏の報告を取り上げるのは、それがこれまでの中でもっとも豊富な情報量による資料提示であったからで、他意はない。

図 4-5　家族関係社会支出の対 GDP 比の国際比較

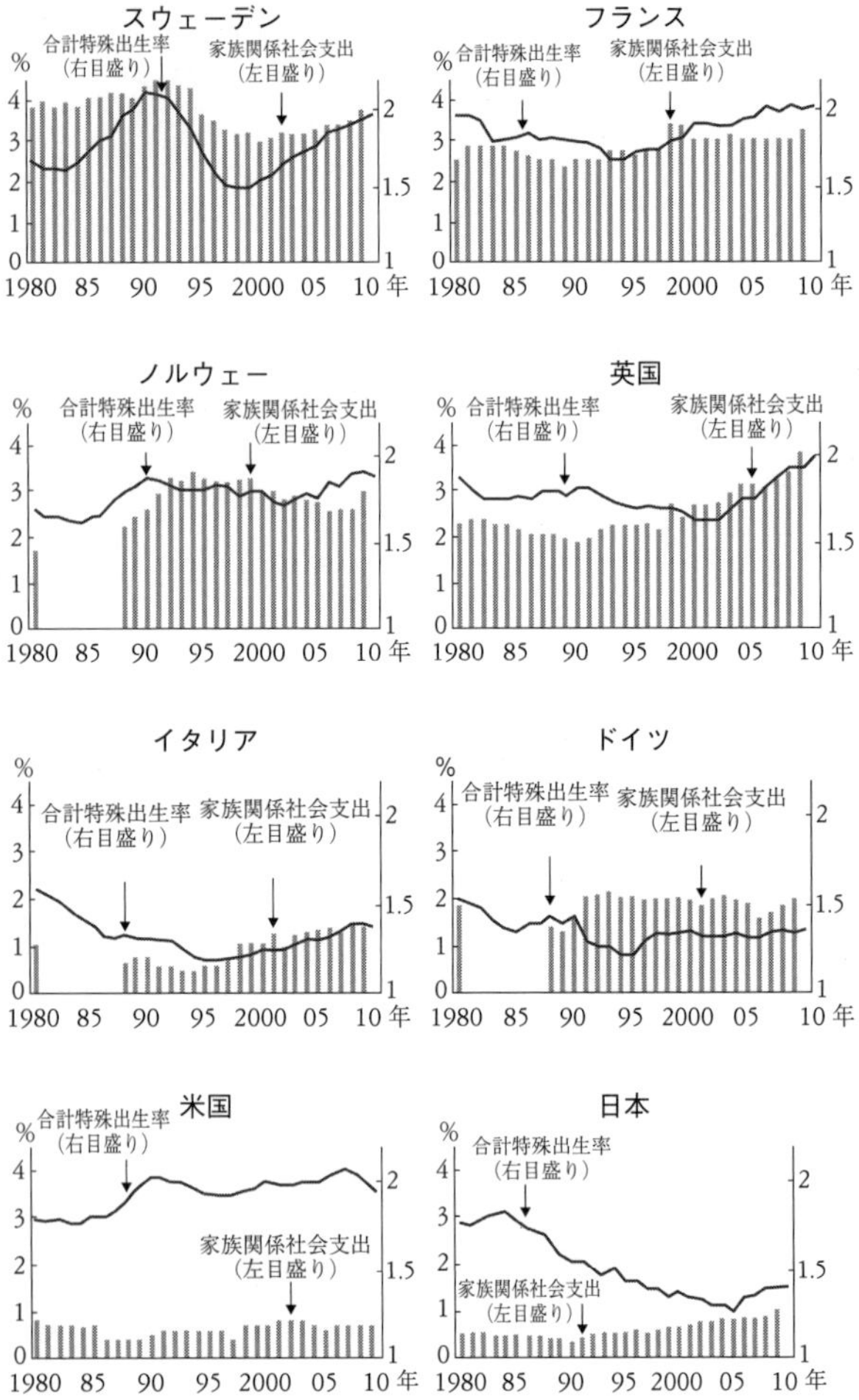

ここで米国に言及しているのは誠実な態度であり、この国の家族関係社会支出のレベルは日本以上に低いが、出生率は2を超えている。家族関係社会支出が低くても出生率が高い「例外国」の最たるものである。

実はOECDのSocial Expenditure Database（社会支出データベース）をみるかぎり[70]、このような「例外国」はいくつかあり、2013年の家族向け公的支出のGDPに占める割合が低い国、たとえばトルコ（0％）やメキシコ（1・1％）では出生率は2を超える。カナダも家族向け公的支出は低いが（1・2％）、出生率は1・6と日本に比べればかなり高い。逆に、家族向け公的支出の割合が高い国でも、たとえばハンガリー（3・3％）のように出生率が1・34と非常に低い国もある。

これまで何度も指摘してきたように、この種の国際比較は国の選び方次第でどんなことでもいえてしまうので、あまり信用しないほうがよい。また社会支出統計のような複雑な指標は、お国柄によって事情が異なるので、性急な一般化は避けるべきであろう。

70 —— http://www.oecd.org/social/expenditure.htm、2016年5月30日検索。

†フランス、スウェーデンの特殊性

ただ、このように述べるだけでは、国際比較派の人たちは納得しないだろう。「日本で出生率と家族向け公的支出が連動しないのは、公的支出のレベルが低いからで、この水準を一気に劇的に増やせば、日本でも子ども数が増える効果はありうる。現に、少子化に悩んでいたフランスやスウェーデンでは、手厚い家族・子ども向けの公的支出の増大によって、出生率は回復したではないか」という反論がすぐに想起される。

実際、OECDなどの国際比較に基づいて、「高齢者向け政府支出に対する子ども・家族向け支出の割合が高い国ほど出生率も高い」というデータを、経済財政諮問会議の「選択する未来」委員会も採用しているようである。まだまだこうした言説の根は深い、と嘆息せざるを得ない[71]。

たしかにフランスやスウェーデンなど、出生率が10年程度の期間で回復傾向を示した国が存在することは事実である[72]。さらに2000年代に入ってからはロシア、カザフスタン、エストニア、ウクライナなどの旧ソ連に属する国が出生率を0・4程度回復させて、「出生率回復国」の列に加わった（図4-6）。本来ならば、旧ソ連の少子化対策をもっと見習

図 4-6　出生率 2 未満から 0.4 以上上げた国

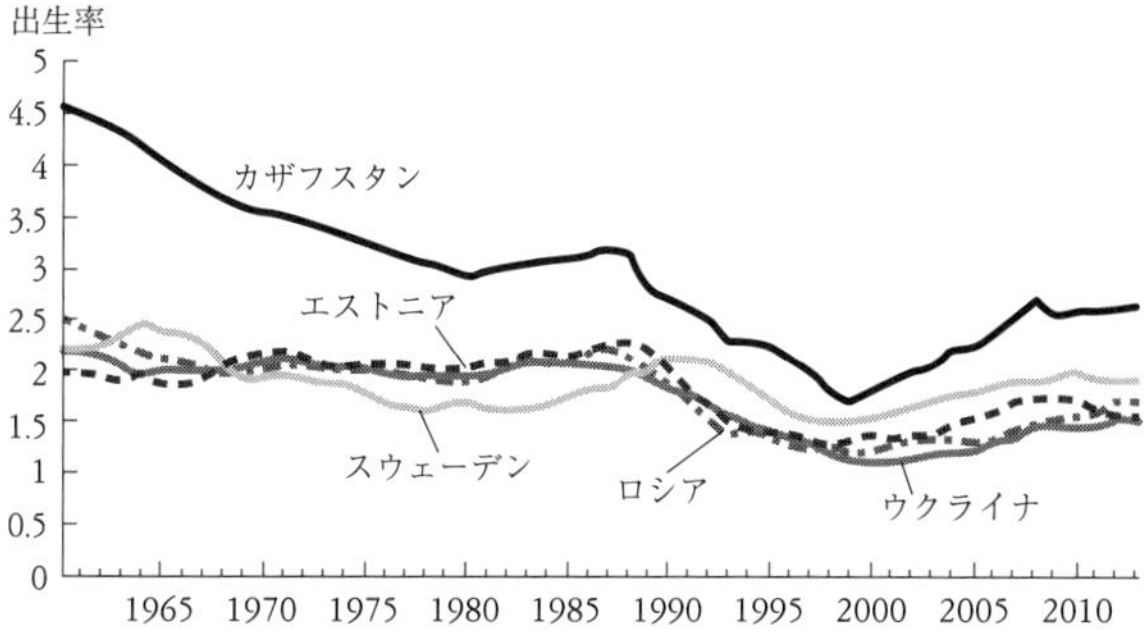

データ元：世界銀行　最終更新日　2015 年 10 月 16 日
2014 Google Public Data による

うべきだという声がもっと高まってもおかしくない。そうならないところに少子化対策を高唱する論者たちの北欧幻想やフランス幻想を読み取るべきであるが、まぁそれはよいとして、北欧やフランスで行われた政策を見習うべきだという意見そのものは、わからないでもない。しかし筆者がみ

71——http://www5.cao.go.jp/keizai-shimon/kaigi/special/future/1028/haifu_02.pdf、経済財政諮問会議「選択する未来」委員会、2014年10月28日配布の参考資料。

72——ただしこの2ヶ国だけをとっても、多少の違いは感じられる。フランスの出生率が家族関係支出の変動とはあまり連動していないのに対し、スウェーデンの出生率は（周知の通り）1990年代中盤に1・5前後まで低下したが、2010年頃には2・0まで回復している。スウェーデンの出生率は家族関係支出の増減と見事に連動している。スウェーデンには国家による経済的支援の多寡に応じて、出生率が大きく変動する「お国柄」が存在するように思われる。

るところ、これらの論者が言及しない、あるいはあえて見落としている論点があるように思われる。

†都市部と地方の違い

端的に言おう。これらの国際比較では、**一国内における出生率の地理的・地域的な分布が見逃されているのである。**

日本では、都市部で出生率が低く、農村部で出生率が高いことはすでに述べた（第1章）。この傾向は少なくとも18世紀には成立している。たとえば歴史人口学者の鬼頭宏氏は、北関東、南関東、畿内およびその周辺で人口増加率が低いことを取り上げ、これが都市の高い死亡率と低い出生率に起因するとしている。[73] 都市は人を喰う「蟻地獄」のようなものであり（速水融氏による命名）、人口再生産力は弱く、「人口調節装置」の機能を果たしていた。[74] 死亡率が高い原因となったのは大地震と大火災であり、コレラ、インフルエンザ、赤痢、腸チフスなどの伝染病であり、劣悪な住宅事情や生活環境などであった。都市の蟻地獄現象が解消するには、上下水道、防疫体制が整備される20世紀初頭を待たねばならなかったという。

また都市で出生率が低い原因として鬼頭氏は、①性比のアンバランス（女性100に対して男性182、1721年の値）、②低い有配偶率（男性50％、女性59％、慶応年間の江戸5町）、③短い有配偶期間（高い死亡率と離婚の多さ）、④有配偶出生率の低さ（出生抑制、狭い住宅、相続財産の少なさ、家意識の希薄さなど）を挙げている。①以外の要因は、多少変化した面もあるとはいえ、おおむね現代日本の都市にも通底する事実であろう。

実は都市部において出生率が低い傾向は日本だけのものではない。東アジア圏では韓国のソウル、チャイナの北京・上海・香港、台湾の台北、シンガポールなどの大都市圏でも地方に比べて出生率が低い。あいにく全世界の都市を調べる人手や余裕はないのだが、この傾向はおそらく世界中のかなり多くの都市にあてはまるのではないかと思われる。

†ロンドン、パリ、ストックホルム

ところが驚いたことに、欧州やその周辺地域のなかでも**フランス、スウェーデン、イギ**

73――鬼頭宏『人口から読む日本の歴史』講談社学術文庫、2000年、103-104頁。
74――同右、186頁。

図4-7　ヨーロッパ国別出生率（2008-2010の平均）

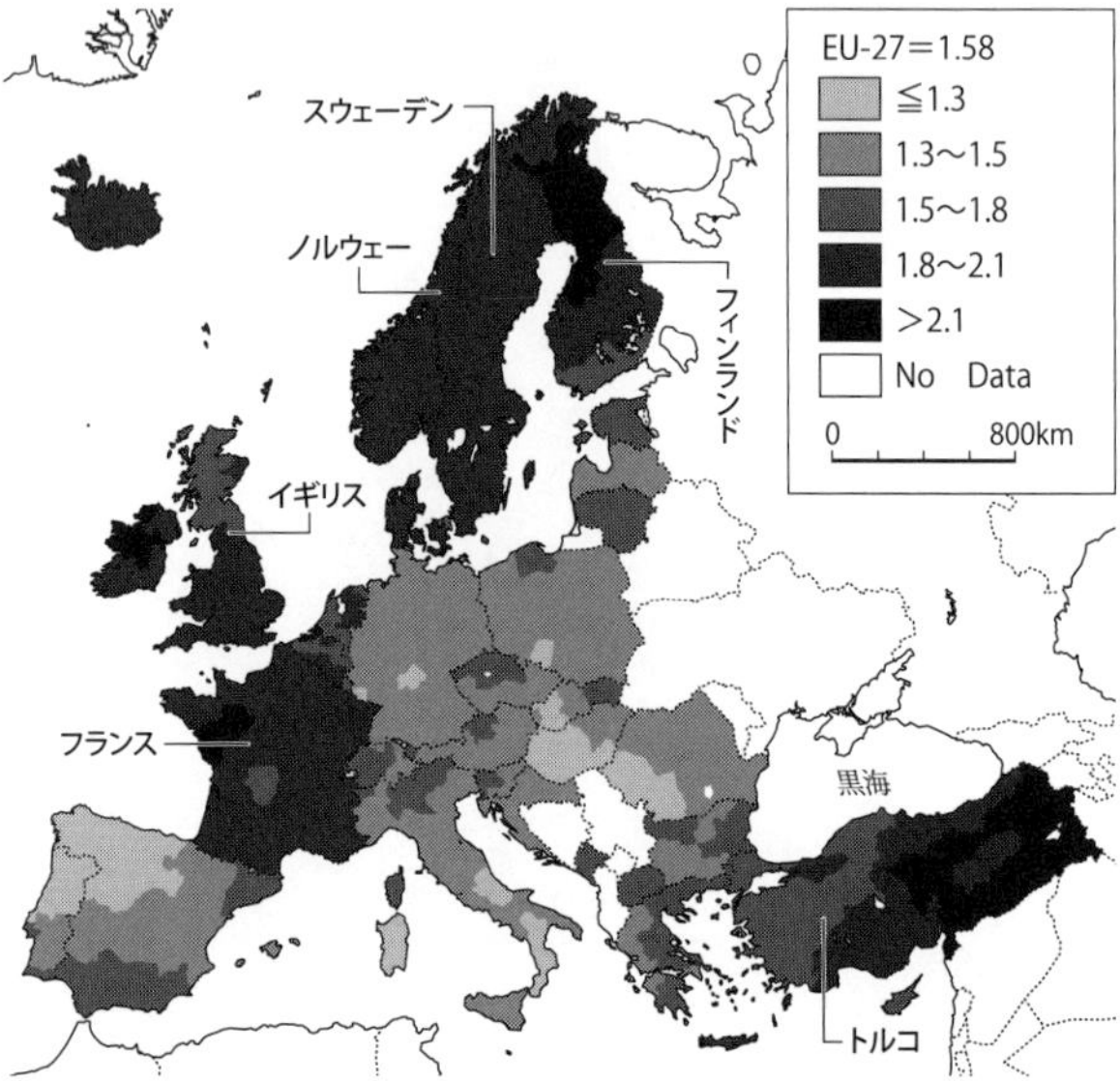

出典：http://one-europe.info/usen/Files/Briefs/Fertiliy-Rate-Europe.png

リスの3国のみは、首都のある都市部のほうが、周辺地域より出生率が高いのである。図4-7はヨーロッパの国別出生率、4-8は2012年のヨーロッパにおける地域別の出生率を示した図であるが、国別にみると、出生率の高い地域はトルコ、スカンジナビア諸国、フランス、イギリスに偏在している。そして注目すべきことに、ロンドン、パリ、ストックホルムは同国内の他地域とくらべても

図4-8　ヨーロッパ地域別出生率

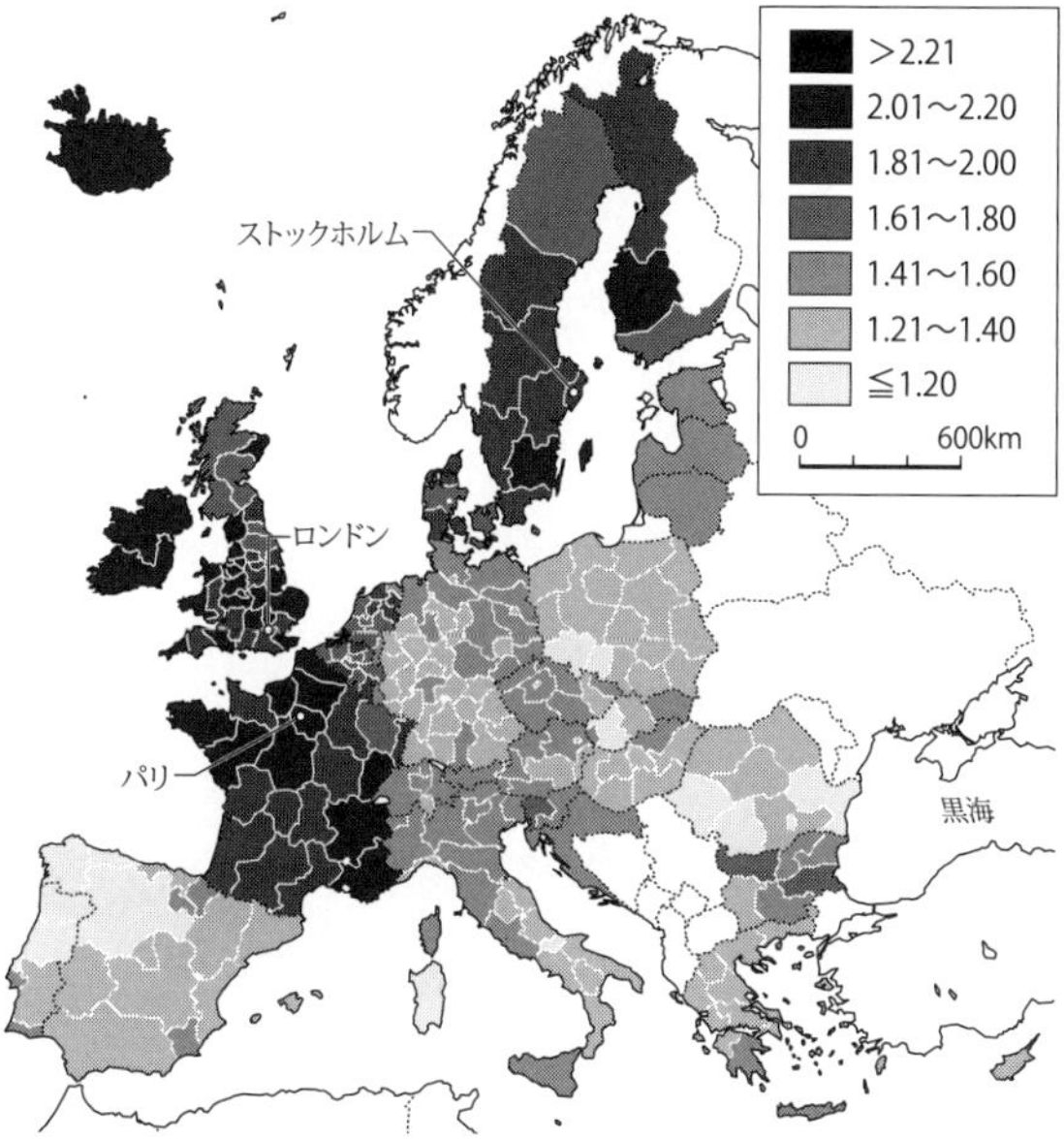

出典：http://mapsontheweb.zoom-maps.com/post/118858541959/fertility-rates-by-nuts-2-europe-2012more

高いか、同程度の出生率を維持しているのである。

ロンドン、パリ、ストックホルム、いずれもダイバーシティに溢れる国際都市であり、こうした首都部で出生率が高いのは、移民の影響ではないかと考える人もいるであろう。

たしかに一国単位でみれば、フランスもイギリスもスウェーデンも、移民あるいは外国籍女性の合計特殊出生率は、自国女性のそれをはるかに上回る。[75] たとえばフランスの移民女性の出生率は2・5に対し自国女性は1・6（1991〜98年）、外国籍女性のそれは3・29（2004年）である。しかし移民や外国籍女性の比率はフランスで10〜12％、スウェーデンでも11〜16％程度であり、[76] 一国の出生率を左右するほどの影響は与えていないという見方もある。[77] また移民第一世代はともかく、第二・第三世代になると、当地全体の出生率とさほど変わらなくなるので、人種別出生率の違いを過度に強調すべきではないという見解も、傾聴に値する。[78]

こうした論争に決着をつけるには、一都市内における移民・外国籍女性と自国女性の比率と出生率の違いがわかればよい。前者については、「外国に背景をもつ人」（外国で生まれた両親をもつスウェーデン生まれの人＋外国生まれの人）がストックホルム総人口の29・5％（2012年）を占めるという報告がある。[79] ここでストックホルムにおける移民＋外国籍の出生率と自国女性の出生率が判明すれば議論に決着はつくのだが、残念ながら筆者はそのデータを手にしていない。

しかし一国全体でみると、2005年のスウェーデン女性の出生率は1・72、移民女性の出生率は2・01である。この値を代用できるならば、同年のストックホルムの出生率は1・82なので、[80] 移民女性の寄与分は0・10（＝1.82−1.72）程度にとどまるとはいえそうだ。外国に背景をもつ人の割合が約30％と高いことは事実だが、自国女性の出生率も十分に高いので、人種別／国籍別の出生力の差異を強調する必要はなさそうである。

デュルケイムがみていた19世紀的世界

移民人口が出生率に大きな影響を与えないとなると、なぜスウェーデンやフランスでは都市部で出生率が高いのだろうか。ここで社会学の始祖の一人であるエミール・デュルケ

75—http://www2.ttcn.ne.jp/honkawa/9020.html、社会実情データ図録・ヨーロッパ諸国における自国女性と移民外国籍女性の合計特殊出生率（２０１６年５月３日検索）。

76—http://www2.ttcn.ne.jp/honkawa/1171.html、社会実情データ図録・主要国の移民人口比率の推移（２０１６年５月３日検索）。

77—http://taraxacum.seesaa.net/article/425796809.html、たんぽぽの涙〜運営日誌。

78—http://www.scb.se/en_/Finding-statistics/Statistics-by-subject-area/Population/Population-projections/Demographic-Analysis-DEMOG/Aktuell-Pong/55356/Behallare-for-Press/380120/. "Equal number of children for Swedish born and foreign born women", *Statistical news from Statistics Sweden*, 2014-12-18 9:30 AM Nr 2014:576（２０１６年５月30日検索）。

79—挽地康彦「スウェーデンにおける移民統合のパラドクス」『和光大学現代人間学部紀要』第８号、２０１５年、43頁。

80—http://www.scb.se/en_/. Statistics Sweden というサイトの「Statistical Database」「Total fertility rate by region and sex. Year 1970–2014」より（２０１６年５月30日検索）。

エミール・デュルケイム

イムの『自殺論』が描いた世界と、それ以降の自殺と豊かさの関係を補助線として、考察を展開してみたい。

1897年に『自殺論』を世に問うたデュルケイムが、当時の欧州における自殺率とさまざまな社会的要因の関連をみいだしたことはよく知られている。たとえば「プロテスタントの自殺率はカトリックより高い」、「家族の人数が多いほど自殺率は低い」、「男性の自殺率は女性より高い」、「未婚者の自殺率は既婚者より高い」などの統計的事実を統一的に説明する枠組みとして、「社会的統合や凝集力の強さが自殺を防止する」という仮説を導き出した（自己本位的自殺）。これは現代の社会関係資本論の萌芽というべき理論ともいえるだろう。[81]

デュルケイムがみていたのは19世紀後半のフランス、プロイセン（ドイツ）、イタリア、アメリカなどの欧米社会であるが、実は『自殺論』を執筆する数年前に「自殺と出生率：道徳統計学の研究」（1888）という論文を公表している。ここでデュルケイムは自殺率と出生率の間には反比例の関係（負の相関）があり、「出生率の低下は家族精神の衰退であり、これが自殺を促進する」と述べている。[82] ここでいう家族精神とは、社会的統合や社会的凝集力の言い換えと考えられるので、「社会的統合の低下が自殺を促進し、出生率を低下させる」という、理論的な因果関係を想定していたといえよう。

ところがデュルケイムは、豊かさや経済成長と自殺率の関係を論じるときには、別の枠組み、すなわちアノミー的自殺を強調している。経済的危機（不況や恐慌）が自殺を促進することはたしかだが、経済的に繁栄している時期でさえ、自殺率は高まるからである。経済的危機と経済的繁栄のどちらもが自殺を促進するのだとしたら、真の理由は「それらの危機が危機であるから、つまり集合的秩序を揺るがすものであるから[83]」というのがデュルケイムの与えた解答である。これが有名な「経済的アノミー」であり、個人の欲求に

81――イチロー・カワチによれば、デュルケイムは『自殺論』で人々のつながり（社会関係資本）と健康の関係を最初に問題提起し、「社会疫学の父」とされる。イチロー・カワチ『命の格差は止められるか』小学館101新書、2013年。

82――Durkheim, Émile 1888. 'Suicide et Natalité: Étude de Statistique Morale', *Revue Philosophique*, 26, p. 23.

83――Durkheim, Émile 1897. "*Le Suicide: Étude de Sociologie*", nouvelle edition, 3e trimester, Press Universitaires France. 宮島喬訳『自殺論』中公文庫、1985年、300頁。

限界を設ける集合的秩序が崩壊してしまえば、欲望は飽くことを知らず、得れば得るほどそれ以上に得ようと欲するようになり、「無限という病」に陥る。その結果、アノミー的自殺につながるというのである。

実際、デュルケイムは経済的困窮が自殺を防止する例として、貧しい生活を送るアイルランド農民の自殺率がきわめて低いことを指摘している (Durkheim, ibid: 298)。貧しい村落部で自殺率が低く、豊かな都市部で自殺率が高い、というわけである。

†自殺率が低下した20世紀の都市部

ところがデュルケイムがみていたような19世紀的な世界は、20世紀になって大きな変貌を遂げる。

デュルケイムが『自殺論』を書いたのは19世紀末だが、それ以降の20世紀全般の欧米、日本、中国、インドの自殺率を包括的に検討したボードロ&エスタブレによれば、豊かになると自殺率が高まるという関係は20世紀に入ると崩れていくという。1910〜20年代以降、多くの欧州国において自殺率の上昇が止まり、ときには低下しはじめる。大都市と地方の自殺率の差は次第に縮小し、やがて逆転する。「一九世紀、自殺は都市的現象であった。今日では、ロンドン、パリ、ニューヨークといった中心都市の自殺率は最も低い[84]」。

なぜそうなるのか。ボードロ&エスタブレの説明は多岐にわたるが、ロンドンやパリでは第一次大戦以降、経済発展や人口増加が生活水準の向上をもたらし、若年者、都市居住者、労働者をサポートする物質的資源と道徳的価値が与えられたことを重視している。都市部の若者は学歴を得て、相対的に安定した雇用を獲得し、購買力を高めて、尊敬される社会的地位に到達しやすい。これが失業のリスクを低め、自尊心を維持させる。また礼拝など定期的な宗教上の実践や（なぜなら豊かな国ほど宗教的実践率が高いから）、自己実現・寛容・他者への敬意・民主主義などに表象される創造的個人主義（ロナルド・イングルハート）も自殺の防止要因になるという。

このように物質的に豊かで、精神的に満たされることで自殺率が低下するような世界が20世紀の都市部に現出したという見解は興味深い。もしかするとパリ、ロンドン、ストッ

84——Baudelot, Ch. and Establet, R., 2006, *Suicide. L'envers de notre monde*, Seuil.＝山下雅之・都村聞人・石井素子訳『豊かさのなかの自殺』藤原書店、2012年、70頁。

クホルムにおける出生率の高さも、このような文脈で捉えることが可能かもしれない。安定した雇用があり、生活水準が高く、個人の自己実現が容易な都市部において出生率が高くなるという関係が、これらの国では生じている可能性があるのである。

†自殺率、出生率、1人あたり所得――21世紀日本の場合

他方、日本ではどうか。経済的な不況と自殺率の共振現象は、日本でもすでによく知られた事実である。バブル崩壊以降のデフレや2008年のリーマン・ショックなど、経済が低成長やマイナス成長の時期に自殺者が増えること、2012年のアベノミクス以降、自殺者数が年間数千人規模で減少したことなど、自殺率が好況／不況とリンクすることは、半ば常識と化している。また都道府県別でみても、1人あたり県民所得と自殺率（10万人あたりの自殺者数）には中程度の負の相関があり（r=－0.411）[85]、豊かな都道府県ほど自殺率が低い。

ところがこと出生率に関しては、デュルケイムが想定したような自殺率との明確な関係が、現在の日本では確認できないのである。たとえば出生率が国内最高の沖縄県の自殺率は高く、出生率が国内最低の東京都では自殺率が低い。一見、自殺率と出生率には正の相

関がありそうに思えるが、これはデュルケイムが指摘したような、自殺率と出生率が反比例する世界とは真逆のものである。より詳細に、都道府県別の出生率と自殺率の相関係数を調べてみると、わずか0.026。完全なる無相関といってよい[86]。

他方で、都道府県別出生率と1人あたり県民所得の相関係数は－0.465とかなり高く、これまで何度も確認してきたように、豊かな都道府県ほど出生率が低いという関係になっている。つまり日本においては、**1人あたり県民所得に表象されるような豊かさは、自殺率を低めるかもしれないが、だからといって出生率を高める**とはいえないのである。

†エマニュエル・トッドの家族システム論

フランスやスウェーデンなどのように経済的・物質的豊かさが自殺を防止し、出生率を高める国がある一方、日本のように経済的な豊かさが出生率を減少させる国も存在する。

85――2010年の値、自殺率は警察庁公表のもの。https://www.npa.go.jp/safetylife/seianki/jisatsu/H22/H22_jisatunogaiyou.pdf、2016年6月8日検索。
86――1人あたり県民所得は内閣府県民経済計算（平成21～24年度）による。http://www.esri.cao.go.jp/jp/sna/data/data_list/kenmin/files/contents/main_h24.html、2016年6月8日検索。

この「お国柄」や「国体」の違いはどこから来るのだろうか。また、これだけ異なる「お国柄」や「国体」を、社会政策によって変えることができるのだろうか。これはきわめて大きな問いかけになる。

現代の社会科学において、この問いにもっとも近接しているのは、フランスの歴史学者・人類学者エマニュエル・トッドが『世界の多様性』(1999)や『新ヨーロッパ大全』(1990)で提起した、世界の八つの家族システムの議論であろう。

トッドは、フランスの県(日本でいえば都道府県)程度の規模を単位とする家族構造の世界的分布に基づいて、各地の家族構造が政治体制やイデオロギーを決定するとした。特に親子関係がリベラルで兄弟関係が不平等な「絶対核家族」(イギリス、アメリカ、オランダ、オーストラリアなど)、親子関係がリベラルで兄弟関係が平等な「平等主義核家族」(フランス北部)、親子関係が権威主義的で兄弟関係が不平等な「直系[権威主義]家族」(ドイツ、スウェーデン、日本、韓国)、親子関係が権威主義的で兄弟関係が平等な「外婚制共同体家族」(イタリア、ロシア、チャイナ、ベトナムなど)の4類型の地理的分布が、人々の心性やイデオロギーを決定する「人類学的基底」になるという。[87]

トッドは、出生率の低下を、識字率の上昇とともに、近代化の要件の一つと考えている。

西欧におけるプロテスタントの宗教改革が盛んだった地域では、民衆は聖書を自分で読むようになり、識字率が上昇する。そこに脱キリスト教化の指標となる産児制限が伴うことで、出生率が低下する。このメカニズムは西ヨーロッパのみならず全世界的に妥当し、イスラム地域と欧米の「文明の接近」を生み出すというのである。[88] とりわけトッドは、女性の地位が高く、家族内が権威的である地域では、男女ともに識字率が高く、出生率が低くなり、その結果、経済が発展するという。そうした実例となるのが、ドイツや日本などの「直系家族」を基底とする地域である。

†トッドの矛盾

ところが、近代化や経済成長を推進する上でプラスの機能を果たした直系家族システムの特徴が、逆に近年の低出生率傾向を生み出しているという。トッドによれば日本の低出

87――他の四つの類型は内婚制共同体家族（中東イスラム圏）、非対称型共同体家族（インド南部）、アノミー家族（東南アジア）、アフリカ・システムである。
88――Todd, E. & Courbage, Y. 2007. *Le Rendez-vous des Civilisations*, Seuil et La République des idées. = 石崎晴己訳『文明の接近』藤原書店、２００８年。

生率の原因は「家族制度の崩壊にではなく、むしろ【家族】をあまりに重々しく考えているから」であり、日本・ドイツ・韓国のような直系家族では「親が子供に対して権威的で親子の同居率が高く、資産の世代間継承性を重視し、子供の教育に対して熱心であることなどが特徴です。この家族観が出生率の低下の原因となっています。逆説的なことですが、家族の重視が家族を崩壊している」[89]というのである。

逆にフランスで出生率が高いのは「家族をもっと気楽にとらえているから（中略）離婚、片親による子育て、婚外子が特別ではなく、仕事と子育ての両立が容易」だからとする。そして「幼児教育への国家の介入が、高い出生率をもたら」すという。

また家族類型上は日本やドイツと同じく直系家族に分類されるスウェーデンでは、1990年代に出生率が回復したが、それは「部分的には、政府の家族政策による」ものとされる。[90]さらに日本に関して次のように述べていることが、注目に値する。

どうも日本人は、結婚ということを厳密に考えすぎるように思います。もっと気楽に結婚して、離婚して良いようにも思います。そうすれば、もう少し子供の数も増えるでしょう。これは冗談ですが、比較的経済的に余裕のある男性が、妻以外の女性にも子供を生んでもらったら、少子化の問題などいっぺんに解決するのではありませんか（笑）[91]。

「これは冗談」（笑）と断りつつも、日本で一夫多妻制が実現できれば、少子化に歯止めをかけることができるという提言は、かなり魅力的である。筆者も認めるにやぶさかではない。

しかしここで問題とすべきは、トッドの提言が、日本もフランスのような国になればよいと述べているようにみえる点である。しかしフランスと日本は家族構造が根本的に異なるというのがトッドのもともとの立論であったはずだ。なぜ、これほど簡単に、「フランスのようになれ」といえるのか。そもそもフランスとスウェーデンも異なる家族類型に属している。にもかかわらず、家族政策により出生率が回復したというのでは、政策によっ

89――トッド・エマニュエル他『グローバリズムが世界を滅ぼす』文春新書、2014年、45頁。
90――Todd, Emmanuel 1990. *L'Invention de l'Europe*, Seuil. = 平野泰朗訳『経済幻想』藤原書店、1999年、76頁。
91――エマニュエル・トッド、山口智「日本の未来は明るい」『WILL』2016年2月号、90頁。

て家族構造が変化することになってしまう。これでは、家族構造が政治制度や経済成長を決めるという、トッドならではのユニークな理論が自己矛盾を来すことになるのではなかろうか。[92]

†蟻地獄としての都市

同じような事情が、フランスやスウェーデンを少子化対策の模範国として信奉する論者たちの論法にもあてはまるように思われる。彼らの論法に従うならば、都市と農村の関係に関しても、東京、大阪、名古屋、福岡、札幌といった大都市圏が、周辺地域よりも出生率が高くなる、少なくとも他地域と遜色がなくなるような方策を考えなければならないことになる。しかし、それは本当に可能なのか。すでにみたように、日本の都市部で出生率が低いのは少なくとも近世以来の伝統であり、この傾向を逆転させることは至難の業であるように思われるのだ。

もちろん大都市圏に子育て支援の経済的・人的資源（保育サービスならびに児童手当・子ども手当など）を集中させるという方策は、想定可能である。都会でしか保育サービスを受けられない世界を政策的に作り出すことは、不可能ではない。むろん筆者は絶対にそのような不公正な世界に住みたくないが、少なくとも理屈の上では、そうした政策の結果、子育て世帯に大都市圏への移動が生じるはずだし、子どもを産み育てやすくなるはずであろう。

しかし他方で、大都市圏への移動の「需要」が高まるならば、そこに住まうことの「供給」も高まり、都市に居住する価格やコストが増大する可能性も考えなくてはなるまい。いくら子育て支援が充実したからといって、大都市部の住宅費、住居費、教育費、生活費が同時に高まるならば、それらは出生率を引き下げる要因になりうる。だとしたら、そういう地域に住む人の子ども数は少なくならざるをえない。もちろん住宅政策、文教政策、生活支援などをフル稼働させれば、都市部においてこそ子育てを他地域よりも行いやすい環境が生まれないとは限らない。しかし結局のところ、この問題は、大都市居住への「需要」と、子どもを産み育てやすい環境の「供給」のどちらが上回るかという問題に帰着す

92――ちなみにトッドの時評は近年でも刺激的であり、チャイナが核保有国であるのに対し、その周辺国が核をもたないのは不均衡で危険だという理由から、日本に核武装を勧めている。今後、核兵器を二度と地上で炸裂させないための議論として傾聴すべきであろう。

る。前者が後者を上回るなら、結局のところ大都市居住のコストは下がらない。そして日本の現状をみる限り、そうした事態を免れることは難しいように思われるのだ。

なぜそう思えるのかについて、次章では、ある社会学者の理論を手がかりに考察してみたい。その人の名は、高田保馬である。

第5章 進撃の高田保馬——その少子化論の悪魔的魅力

前章では、豊かさと出生率の関係について、いくつかの基本的なデータを確認するところから検討をはじめた。両者の関係は一筋縄ではいかず、分析する時期、分析する国や地域、分析する手法などに応じて多面的な相貌をみせる。しかし、本書が問うてきたのはフランスやスウェーデンという「例外国」の話ではなく、ここ日本において出生率を高める方策がいかにして可能（ないし不可能）か、という問題である。この観点からみると、以下の三つの基本的事実を無視することはできないはずである。

（1）**1人あたりGDPの高い豊かな国は、出生率が低い**（本書103頁）。
（2）**日本やアジアの大都市圏は、農山村や村落部に比べて出生率が低い**（本書50頁）。
（3）**世帯収入の低い女性の子ども数は多い。「貧乏人の子沢山」**（本書105頁）。

本章では、これらの事実を説明するに足る社会理論が存在するかどうかを検討する。筆者の見立てでは、戦前を代表する社会学者である高田保馬の少子化論は、上記の事実を統一的に説明する性能を備えていると考えられる。

†生物学からみた豊かさと出生率

ところで生物学の世界では、生物の時間とエネルギーの配分は生命維持、成長、繁殖という三つの生活史領域に分かれており、この三つの生活領域は相互の時間とエネルギーを奪い合っているという「配分の原理」が知られている。「動物は食べることによりエネルギーを得て、そのエネルギーを成長と繁殖に配分する」[93]。

米国の一般的な大学生物学の教科書でも、「一般的に、ある個体群の平均的な個体がより多くの資源を獲得するにつれて、平均妊性（＝平均的出生力のこと：筆者注）、平均生存率・一個体あたりの成長率は増加する」と言われている。[94] 平たくいえば、周囲の環境や栄養状態が整って豊かになると、動物は子どもの数が増え、長寿になり、身体も大きくなるのである。

93――スプレイグ・D『サルの生涯、ヒトの生涯』京都大学学術出版会、2004年、49-50頁。

94――Hills, D.M. et al. 2012. *Principles of Life*, W.H. Freeman and company publishers.＝石崎泰樹・斎藤成也訳『カラー図解　アメリカ版・大学生物学の教科書：第5巻生態学』講談社ブルーバックス、2014年、76頁。

実際にこの教科書では、ヒトに関しても「女性は身長が1cm高くなるごとに子どもの数が0・24人増える」というデータを紹介している。[95] つまり女性の身長が約5cm高くなると、子どもが1人多く生まれるわけだが、これすなわち、豊かになると身長が高く（＝身体が大きく）なり、子どもが多く生まれるというメカニズムである。『繁栄』の著者マッド・リドレーがいうように、「人間も動物の一種にすぎないので、人口の話は単純なはずだ。食べ物がたくさん手に入れば子をたくさん産む」はずなのである。[96]

†「マルサスの罠」とは？

実は人間にも、歴史上のある時まではこのメカニズムがあてはまる。端的にいって、経済的に恵まれた人ほど（生存）子ども数が多いという傾向は、18世紀頃までは全世界的に妥当する事実といってよい。ところが、経済的に豊かになればなるほど人口が増えるかというと、ことは単純ではない。実際には、人間の人口は長期的に安定してきたからである。

このことに早くから気づいていたのは、かの有名な人口学者トマス・ロバート・マルサスである。マルサスの理論をもっとも単純化した形で提示した人口経済学者のグレゴリー・クラークは、次のように定式化する。[97]

1．各社会の出生率は、それを制限する慣習によって決定されるが、物質的生活水準が上昇すれば増大する。
2．各社会の死亡率は、物質的生活水準の上昇にともなって減少する。
3．人口の増加にともない、物質的生活水準は下落する。

物質的生活水準が上昇すると、出生率は高まり、死亡率は減少し、その結果人口は増加する。ここまではわかりやすい。しかしマルサスの鋭いところはこの先で、人口が増加した結果、1人あたりの生活水準は低下する。そして物質的所得が、出生率と死亡率が一致する「最低生存費水準の所得」の水準を下回ると、人口は減少に転じ、長期的には最低生

95——Hills, D.M. et al、前掲書、76頁。
96——Ridley, Matt 2010. *The Rational Optimist: How Prosperity Evolves*, Harper Perennial.＝大田直子他訳『繁栄［下］：明日を切り拓くための人類10万年史』早川書房、２０１０年、21頁。
97——Clark, Gregory 2007. *A Farewell to Alms*, New Jersey: Princeton University Press.＝久保恵美子訳『10万年の世界経済史（上・下）』日経ＢＰ社、２００９年、46頁。

存費水準の点で人口が均衡する、というのである。これが「マルサス的均衡の状態」あるいは「**マルサスの罠**」と呼ばれる状態である。歴史人口学者・鬼頭宏氏の卓抜な説明も参考にすると、耕地拡大や技術進歩によって1人あたり所得が一時的に増大したとしても、すぐに人口増加が起こって生産増大の効果は相殺され、所得水準が最低生活水準に固定されたままになってしまうのである。[98]

†「大分岐」と出生率――グローバル・ヒストリーからの示唆

人類社会が豊かになるためには、この「マルサスの罠」を抜け出なければならない。そのために出生制限、産児調節を行わなければならないというのが、マルサス主義であった。

他方、そうした主義主張とは別に、歴史人口学的な観点からは、1人あたりの所得の増大が、いつ、どこで、どのようなメカニズムによって生じたかが解かれるべき問いとなる。

近年盛んになっているグローバル・ヒストリーの分野では、2000年に歴史学者のケネス・ポメランツが提唱した「大分岐 great divergence」という考え方が主流を占めるに至っている。

それによれば、19世紀半ば以前、ヨーロッパとアジア（中国、日本、インドなど）は「驚

図 5-1

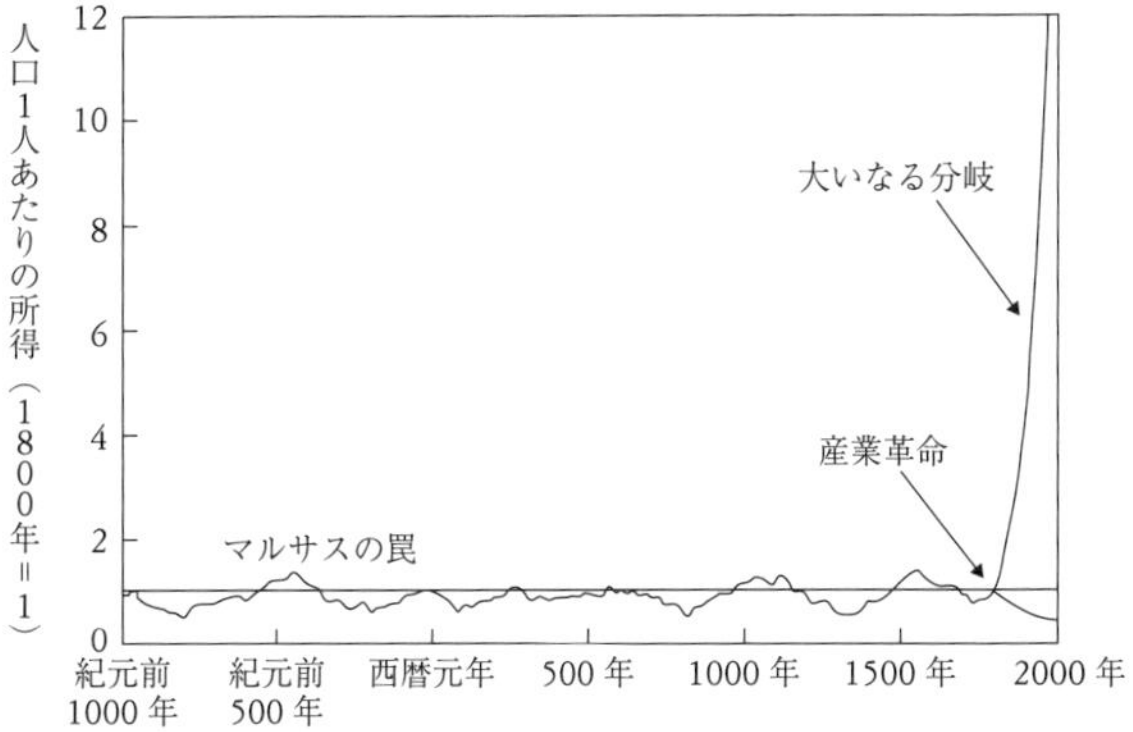

出典：グレゴリー・クラーク『10万年の世界経済史（上）』日経BP社、2009年、14-15頁。

くほど似ていた、一つの世界」であって、平均余命も、栄養状態などの生活水準も、出生率も、資本蓄積も、技術進歩も同程度であった。それ以降、ヨーロッパが他に抜きん出て豊かになる「大分岐」が発生したというのである。[99]

西暦1年以降2000年間におよぶ人類の人口と経済成長の歴史的推移を、1990年のUSドルに換算して大胆に推計した経済学

98——鬼頭宏『人口から読む日本の歴史』講談社学術文庫、2000年、106頁。

99——Pomeranz, Kenneth L. 2000. *The Great Divergence: China, Europe, and the Making of the Modern World Economy*, Princeton University Press.＝川北稔監訳『大分岐：中国、ヨーロッパ、そして近代世界経済の形成』名古屋大学出版会、2015年。

図5-2　遺産額別に示した、遺言作成者の存命の子どもの数

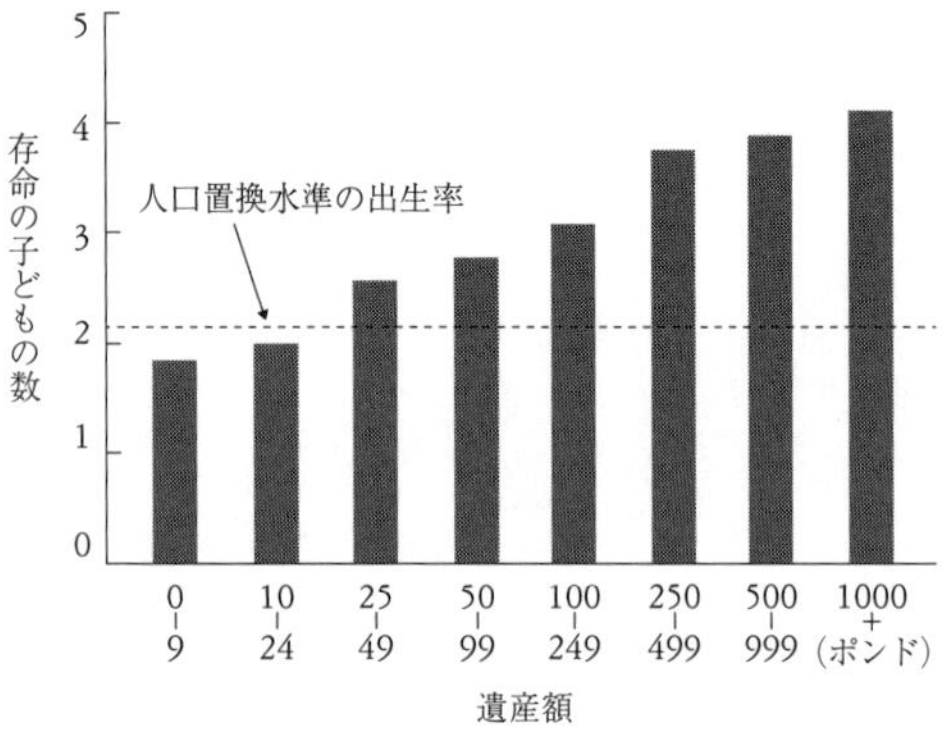

出典：クラーク、前掲書、195頁。

者のアンガス・マディソンも、やはり19世紀前半（1820年頃）を境に、北西ヨーロッパ各国の1人あたりGDP（国内総生産）が、他地域を圧して大きく成長したと論じている。[100] これを一枚のグラフに表したのが、経済史家のグレゴリー・クラークである（図5-1参照[101]）。

クラークは、イギリスを中心とする産業革命に1人あたりGDP増大の分岐点をみており、これを可能にしたのはイングランドの富裕層の高い出生率だという。クラークによれば、1250年以降のイングランドでは、遺産相続額の高い、すなわち裕福な男性ほど生存子ども数が多いという傾向が続いていた（図5-2参照）。

1750年から1800年にかけて、ヨーロッパ北西と北米で、人類を長らく支配した

「マルサス的経済（マルサスの罠）」の時代が終わる。産業革命によって生じた物質的生活水準の向上は、富裕層と貧困層の所得格差を、従来の4：1から40：1にまで拡大させるとともに、1人あたりの所得を一様に増大させる。

クラークによればその原因は二つある。一つはイギリスにおける技術と生産性の向上、いま一つは英国の人口が予期しない形で急増したことである。後者の人口増加を導いたのが、富裕層の高い出生力である。図5-2をみる限り、遺産額の多い家族の（存命）子ども数は平均4人を超えるが、遺産額の少ない家族のそれは、人口減少に至らない出生率の水準、すなわち人口置換水準を下回る。このように裕福で、倹約や勤労を尊ぶ上流階級が他の階級より多く子孫を残したため、人口が増加し、上流階級の文化が中流や下流の階級にまで拡がる。その結果、市場が拡大し、産業が発展して、「大分岐」がもたらされたと

100——Maddison, Angus 2007. *Contours of the World Economy, 1-2030 AD: Essays in Macro-economic History,* Oxford University Press.＝政治経済研究所訳『世界経済史概観：紀元1年-2030年』岩波書店、2015年。
101——Clark, Gregory 2007, *A Farewell to Alms*, Princeton University Press.＝久保恵美子訳『10万人の世界経済史（上）』日経BP社。

クラークはいうのである。

本書は「大分岐」の原因を直接的に論じることを目的にはしていないので、クラーク説の歴史人口学的妥当性を問うことはしない。もっともクラークの議論に対しては賛否両論が存在することはお伝えしておかねばならない。特に近年、グローバル・ヒストリーを牽引する存在となった経済学者ロバート・アレンの批判は容赦なく、クラークのほぼすべての主張に疑義を呈している。[102] 欧米の学会における議論の激しさを垣間見ることができる好書評だが、ここで重要なのは、そんなアレンですら、産業革命以前には豊かな人々が貧しい人々よりも多くの子どもを生存させる傾向が一般的であったと認めている点である。[103]

†19世紀までの世界は「金持ちの子沢山」

このように**19世紀以前の世界では、種としての人間が生まれてこの方、つい最近まで豊かな人（世帯）ほど子どもの数が多い、すなわち「金持ちの子沢山」というべき現象が続いていた。**むろん日本も例外ではなく、鬼頭宏氏によれば、17世紀には市場経済の発達や生活水準の向上により、経済成長と出生率上昇、人口増加が同時に発生した。また多くの農村で、保有石高の多い上層農民は、それ以外の下層農民よりも、どの年齢層でも出生率が高かった。[104] ここでも「金持ちの子沢山」が生じており、江戸期の日本も「大分岐」以前の世界であったことが知られるのである。

私たちはつい現代の常識に囚われて、豊かな階級ほど子どもの数が少ないという「新マルサス主義」的な思考に陥りがちである。しかし実際のところ、本当に裕福な者は子ども数を制限する必要がないのである。この事実は20世紀のフランスでも確認されている。ピエール・ブルデューは、1970年代のフランスで行われたいくつかの調査にもとづき、「子供の数は低収入層で多く、おおよそのところ中間収入層で最低となり、高収入層ではふたたび増える」と述べている。[105]「金持ちの子沢山」という傾向はここでも確認できる。

他方、本書でも何度か論じてきたような「貧乏人の子沢山」の傾向もたしかに存在する。

したがって本書冒頭でみてきた、出生率をめぐる三つの基本的事実に対して、ここでも

102 —— Allen, Robert, C. 2008, "A Review of Gregory Clark's A Farewell to Alms: A Brief Economic History of the World", *Journal of Economic Literature*, 46(4): 946-973.
103 —— Allen ibid, 961.
104 —— 鬼頭宏『文明としての江戸システム』講談社学術文庫、2002年、61頁。
105 —— Bourdieu, Pierre 1979, *La distinction: Critique Sociale du Judgement*, Les Editions de Minuit.＝石井洋二郎訳『ディスタンクシオンⅠ』藤原書店、1990年、22頁。

う一つ、四つ目の事実を付加する必要があるだろう。

（4）**歴史的には、豊かな階層の子ども数は多い。「金持ちの子沢山」。**（本書142頁）。

このようにグローバル・ヒストリーが提起する事実として出生率の問題を考えるには、「貧乏人の子沢山」と「金持ちの子沢山」を同時に説明できる理論的な仕掛けが必要なのである。

†高田保馬との出会い[106]

話は少し変わるが、筆者は2004年末に『子どもが減って何が悪いか！』を出版して以降、しばらく少子化論争の渦中に巻き込まれた。この過程で、多くの人と議論し、さまざまな知識を吸収できたことは幸運であったが、半面、数年を経過すると、本来、筆者が生涯の仕事と定めたわけでもないことに、飽かず議論を続けることに倦《う》むようにもなっていた。

当時、筆者が述べてきた「男女共同参画は少子化を防がない」、「少子化対策を高唱することは、かえって人々を結婚や出産から遠のかせる」といったことは、社会調査のデータを多少扱った経験のある人間なら、多くの人が気づきえたはずのことである。逆にいえば、そのような「気づき」がなぜ世に出ることが少なかったのかということ自体、言説分析の対象にすべき事柄のようにさえ感じられた。

他方で筆者は、出生率や少子化をめぐる、より大きな「謎」に次第に取り憑かれるようになっていった。それは端的にいって、本章で述べてきた出生率をめぐる四つの事実がなぜ生起するのか、という問いである。ただ残念なことに、近年の少子化をめぐる日本の言説や学説の中に、上記の謎を解く理論をみつけることは難しかった。

高田保馬
（高田保馬顕彰会提供）

106――本節の内容は一部、赤川学「家族の多様性と社会の多様性―少子化をめぐって」（大澤真幸編『岩波講座現代7：身体と親密圏の変容』岩波書店、2015年、189-210頁）と重複する。

そこから筆者の学問的徘徊が始まったわけであるが、ほんの数年前、意外に身近なところで、上記の諸事実を矛盾なく説明しうる理論に邂逅できたのだった。

それは、戦前日本を代表する社会学者、高田保馬（1883-1972）の少子化論である。

高田保馬といえば、社会学を学んだ人間には、それなりに有名な人物かもしれない。そもそも文化功労賞まで獲得した社会学者は希少だし、現在、社会学系の大学院や公務員試験を受験する人には、高田保馬がこしらえた概念として「基礎社会衰耗の法則」や「結合定量の法則」の概要を学んだ人も少なくないはずだ。ただし高田保馬の仮説や理論を、現代社会の分析に本格的に使おうと志す人は、必ずしも多くはないと思われる。[107] その意味で高田保馬は、現代社会学における「忘れられた知の巨人」といえるかもしれない。

かくいう筆者も、高田保馬理論の凄みや魅力に気づいたのは、ほんの数年前のことである。実際のところ、四半世紀以上前に受験した大学院の入試準備で「お勉強」して以降、高田保馬のことはすっかり忘れていた。

17〜18年前に提出した博士論文『セクシュアリティの歴史社会学』の論文審査会で、とある審査員が「あなたのいう「性欲のエコノミー仮説」は、高田保馬の「結合定量の法則」ですか」とコメントしてくださったときも、2002年の日本社会学会大会で金子勇氏が「高田保馬リカバリー」という記念碑的なテーマセッションを開催したときでさえ、筆者はまだ高田保馬の魅力を実感していたわけではなかった。

しかし社会政策学者・杉田菜穂氏の名著『人口・家族・生命と社会政策：日本の経験』を拝読して、1910年代中盤、日本で出生率低下を心配する社会科学者がほぼ皆無であった時期から、高田保馬が欧米の低出生傾向がやがて日本にも波及することを懸念し、少子化の理論的検討を始めていたことを知るに及んで、徐々に興味をもつようになった。

それから暇を見つけて高田保馬の著作を少しずつ読み始めたのだが、実は高田の主要著作とされる『階級及第三史観』（1925）、『勢力論』（1940）、『社会学概論』（1948）などは、お世辞にも読みやすい内容とはいいがたい。

しかし高田は浩瀚《こうかん》な理論的著作だけでなく、時局評論やエッセイも数多く残している。

107――数少ない例外として金子勇編『高田保馬リカバリー』（ミネルヴァ書房、2003）が挙げられる。なかでも金子勇「少子社会と人口史観」は本稿にも深く関連する。また杉田菜穂『人口・家族・生命と社会政策』（法律文化社、2010）は高田の少子化論をスウェーデンの社会政策学者ミュルダールと比較しながら論じていて、参考になる。

人口問題に限っても『人口と貧乏』（1927）、『貧者必勝』（1934）、『民族耐乏』（1942）などがあり、これらの著作は率直にいって、いま読んでも、相当面白いのである。[108] 歌人でもあった高田は、虫の鳴き声や季節の移り変わり、往来を行き交う人々にも、きめ細やかな観察を怠らない。しかしそれを理論的に解釈する際には、人類の歴史を俯瞰したような壮大さがある。憚《はばか》りながら筆者も、「いつか高田のように、地べたを這うような**虫の視点**と、宙空から人間社会を眺めたような**鳥の視点**を併せ持った文章が書けるようになりたい」と願うほどに、高田の才能に心酔するようになっていったのである。

それはさておき、高田保馬は、いつ頃から出生率の問題に目を向けるようになったのか。本人の回顧によれば、1915（大正4）年頃には、「出生率は文明の高い国民ほど、また国内に於てもそれの高い都市ほど、高い階級ほど減少する。（中略）国民も、大都市も階級も、失はれて行くものに下層のものが上昇して代行する」という「人口学的征服」という観点に到達していた。[109] おそらくは京都大学在学中の師匠・米田庄太郎氏から薫陶を受けたと推察される。そして高田は『社会学的研究』（1918）に所収の「貧富と出生率」（初出は1916年）[110]ならびに「最近の出生率減少について」[111]において、いよいよ出生率低下（少子化）の問題に取り組むことになる。その議論に耳を傾けてみよう。

†「貧富と出生率」における少子化論

「貧富と出生率」の冒頭で高田は、アダム・スミスの『国富論』に「貧乏者子沢山」という言辞がみられることを指摘しつつ、「貧者の出生率は大にして富者の出生率は小なり」と述べる。[112] その根拠となるのは、1890年代から1910年代にかけてのパリ、ベルリン、ロンドンなどの都市で、粗出生率(15〜50歳女性の人口1000人あたりの出生数)と都市の豊かさ、相続財産、所得、所得税とのあいだに反比例的な関係が存在するという事実であった。つまり豊かな人が多く、平均所得が高い都市ほど出生率が低い世界を、高田はみいだした。[113] すでにみたように19世紀後半の欧州は「大分岐」以降の世界であり、それ

108――高田保馬『人口と貧乏』日本評論社、1927年。高田保馬『貧者必勝』千倉書房、1934年。高田保馬『民族耐乏』甲鳥書林、1943年。
109――高田『民族耐乏』179頁。
110――高田保馬「社会階級別ト出生率トノ関係」『経済論叢』2(5)、1916年、1-28頁。のち「貧富と出生率」『社会学的研究』東京寶文館、1918年、133-163頁。引用は後者から。
111――高田保馬「最近の出生率減少について」『現代社会の諸研究』岩波書店、1920年、242-266頁。
112――高田「貧富と出生率」139頁。

ぞれの社会におけるどこかの階級／階層を中心に、出生率の低下が始まっていたはずである。しかしそれはなぜ起こったのか。

その説明としてはすでに、過度の栄養が出生力を下げる説（ダブルデイ）、知力や文明の発達が出生率を下げる説（A・スペンサー）、福利の増進や文明進歩が性欲を減退させて出生率を下げる説（ブレンターノ）などがあった。しかし高田は、これらの説明に満足しない。なぜなら当時の日本やイタリアなど、人為的出生制限を行っていない社会では、貧富と出生率の関係は西欧諸国ほど明瞭ではないからだ。それゆえ、物質的福利増進そのものが出生率を減少させるわけではないと高田は考える。

では、西欧諸国における、貧富による出生率の差異は何に起因するのか。それは大部分、人為的出生制限にあると高田はみる。そして出生制限が行われる原因として、「力の欲望」、すなわち「**自己の優勝と比優勝の誇示とを欲する欲望**[114]」にその答えを求めている。

この欲望には二つの側面がある。第一に、自身の栄達向上を図ろうとして、その努力の障碍《しょうがい》となる産児数を制限すること、第二に、産児になるべく都合のよい生活条件を与えて社会の高い地位につかせるために産児数を制限すること、である。[115]つまり、自己や子どもの社会的地位を向上させるために子ども数を減らすというのである。その中心となるのは知識階級であり、彼らは「力の欲望に従ひて、一定の生活標準に於ける福利を要求す。此要求に対して現に享有する所の福利の及ばざる事あらば、ここに調節の必要起る。此調節は即ち出生の制限となりて現はる[116]」。

高田によれば豊かな階級は、更に高い地位に上る見込みが大きく、現在の地位は力の欲望を満足させる。それゆえ現在の地位を失わずに、更に向上しようとする欲望が強くなるがゆえに産児制限が行われる。ところが他方、社会の最上層では、子どもをたくさん産んでも自己の地位は危うくならないので、産児制限は比較的強くないとも述べるのである。

ここは、いささかわかりにくい。「貧乏人の子沢山」、「上級／中級階級の、産児制限に

113——第4章でみたように、20世紀半ば頃から、ロンドン、パリなどの大都市で、この相関関係の構図は崩れていく。

114——高田「貧富と出生率」151頁。

115——高田は「力の欲望」という概念をアルセーヌ・デュモンの社会的毛管現象に比している。直接引用しているのは *Dépopulation et Civilisation* (1890, p. 106) である。

「社会の各分子たる個人は、已む可からざる本能に支配せられ、其全力を挙げてふだんに彼を吸引する理想の光の方に上らんとす。同胞に対してはただ之に勝れ越えんとのみ力むるなり。其状恰も石油が洋燈の心を伝い上るが如し、光愈明にして此毛管現象は益強きを加ふ」高田「貧富と出生率」152頁。

116——高田「貧富と出生率」156頁。

よる低出生」というだけなら、理屈としてすっきりするだろう。しかし社会の最も豊かな階層では、かえって出生数が増えるというのだ。もっとも、これはすでに本章でみたように、有史以来人類がある時期まで続けてきた「金持ちの子沢山」、「富裕層の高出生力」の側面が現出していると解釈できよう。

そのうえで高田は、「出生制限は常に相対的窮乏より生じて、福利より生ぜず[117]」とか、「出生率の大小増減を決定するものは常に相対的福利にあり、換言すれば一切の事情を顧慮して決定せらるる所の極めて広義に於ける生活標準と其経済的資力との関係にあり[118]」と述べる（傍線部筆者）。「相対的窮乏」や「相対的福利」という、現在ならば「相対的剝奪」や「相対的貧困」と呼びうるような概念が、少子化を説明するキー概念になるのである。

†高田保馬の驚きの発見

高田が用いる用語は、100年前の言葉遣いなので、現代の私たちには理解しにくい面もある。しかしここで、「生活標準」と、「福利」や「経済的資力」、これらと少子化との関係が問われていることに、注目しなければならない。素直に解釈すれば、高田のいう「福利」や「経済的資力」は、現在の私たちが使う生活水準（living standard）、すなわち豊かさや富という概念に近い。これに対して「生活標準」は、生活水準に対する人々の期待や希望を意味していると考えられる。あえて英訳するなら、生活期待水準（expectation for living standard）となろうか。[119]

この違いを踏まえた上で、高田のいわんとするところを翻案するなら、次のようになろう。

まず「生活標準」（＝生活期待水準）が一定なら、社会における「福利の増進」（＝豊かさの増大）は出生率を高めるはずである。しかし「力の欲望」は生活標準に作用し、これを変化させる。そのため仮に「福利」が増進しても、その速度よりも早く「生活標準」が高まるならば、「相対的窮乏」の状態となって出生率は減少する。

ここで社会を、最上級／上級／中級／下級の四つの階級に分けて考えるなら、さらにわ

117——高田「貧富と出生率」156頁。
118——同右160頁。
119——富永健一「高田保馬の社会理論」（高田保馬『高田保馬社会学セレクション③ 社会学概論』ミネルヴァ書房、2003年、361頁）は、高田における生活標準概念が生活水準とは違うことを指摘し、「それは準拠集団論によって理解されねばならない」という先駆的な指摘を行っている。

かりやすくなる。**社会の最上級では、福利がつねに生活標準を上回るので、出生制限は起きない（＝金持ちの子沢山）。逆に社会の下級にあっては、そもそも生活標準が低いので、出生制限は起きない（＝貧乏人の子沢山）。これに対して上級と中級では、福利の増進以上に生活標準が高まるので、出生制限が行われ、子ども数が減る**ということになる。

これはなかなかすっきりした、筋の通った理論的解釈ではなかろうか。

ちなみに似たような議論は、高田がこの論を公表後60年以上も経過してから、ピエール・ブルデューも提案するに至っている。ブルデューは中間収入層で子ども数がすくない理由として、「中間収入層すなわち中間階級の家庭では、社会的上昇をめざそうとする野心のせいで自分の費力と相対的につりあわない教育投資をせざるをえ」ないからと述べている。[120]つまり中間階級の家庭は、あまり豊かでないにもかかわらず、子どもによる社会的上昇移動をめざして子ども1人あたりの教育投資を増やすがゆえに、子ども数が制限されるというのである。

また経済学者のゲイリー・ベッカーは、所得が増えれば子どもが減る理由として、子どもは親にとって耐久消費財のようなものであり、所得が増えると子ども数を増やすのではなく、子ども1人あたりの教育費などの支出を増やすようになることを挙げる。[121]両者とも外形的には高田の議論と似ている。しかしベッカーの理論はブルデューに比べても単純だし、ブルデューの理論にしても、高田の生活標準の概念の明晰さにくらべると、印象は薄い。少なくとも**20世紀を代表する経済学者とされるベッカーや、現代社会学でも広く参照されるブルデューよりも50～60年以上も前に、極東の一隅から、高田は社会の中間層で少子化が発生するメカニズムを発見し、説明を与えていた。**このことに、筆者は驚愕の念を禁じ得ない。

†「結合定量の法則」とは？

高田の凄さは、これに留まらない。「貧富と出生力」論文で述べた説明は、高田がほぼ

120――Bourdieu, Pierre 1979. *La distinction: Critique sociale du judgement*, Les Editions de Minuit.＝石井洋二郎訳『ディスタンクシオンⅠ』藤原書店、1990年、123頁。

121――Becker, Gary, S. 1960. *A Treatise on the Family*, Harvard University Press. また人類学者のサラ・ハーディーは人類発祥以来、母親は自分の人生段階や健康、その場の状況に応じて、子どもの量と質とのあいだでトレードオフを繰り返しながら、繁殖努力を行ってきたとする。Hrdy, Sarah, Blaffer 1999. *Mother Nature: A History of Mothers, Infants, and Natural Selection*, Pantheon.＝塩原通緒訳『マザー・ネイチャー（上・下）：「母親」はいかにヒトを進化させたか』早川書房、2005年、86頁。

同時期に構想を進めていた『社会学原理』（1919）や『社会学概論』（初版1922）における「**結合定量の法則**」と「**基礎社会衰耗の法則**」に深く関連しているのである。

「結合定量の法則」の初出とされる『社会学原理』での規定は、「全体社会に於ける結社的傾向の総量は実に其成員たる個人の傾向の総計に外ならず、従ひて当然また定量を有す」[122]というものであった。これが1949年の改訂版では、「一定の社会内（中略）に於ける社会的結合の分量は一定の時代に於てはほぼ一定」[123]と定式化される。[124]

結合定量の法則を導出するにあたり、高田はレスター・ウォードの「異性間の愛は其範囲に於て拡がるほど其振幅（強さ）に於て減少する」という箴言《しんげん》から着想を得ていたらしい。たくさんの人を愛する人は、一人ひとりに対する愛が薄くなるというのだ。これを敷衍して、別の著作では「ある一定の人が多数の人と結びついてゐる場合に於ては任意の一人との結びつきがどうしても薄くなる」[125]とも述べている。そしてこの事態こそが、社会が共同社会（ゲマインシャフト）から利益社会（ゲゼルシャフト）に向かって進む理由の一つになるという。[126]というのも共同社会では、社会の人口容量が小さく、個々人が結びつく相手の数が少ない。それゆえ結合は親密になる。しかし社会が利益社会化するにしたがって、個人は無数の人に接触するようになり、人々の間の結合は冷たく、事務的になっていくからである。

そこから高田は、社会が利益社会的、個人主義的になっていく傾向が出生率の低下をうみだし、民族の衰退につながると考えた。日本では人口過剰論が優勢であった1926年に公表された「産めよ殖えよ」では、知識階級の産児制限による出生率の減少、人口減少

122――高田保馬『社会学原理』岩波書店、1919年、1071頁。

123――高田保馬『社会学概論』岩波書店、1949→2003年（ミネルヴァ書房刊）、166頁。

124――富永健一はこの法則の含意を次の5点にまとめている。

「（一）個人が有する結合の総量は一定だから、ある範囲の人々と強く結合すれば、他の範囲の人々との結合は弱まる。同様の考え方で、（二）社会の中に多数存在する諸集団または部分社会の中で、ある特定の集団（たとえば企業）が共同体的団結を強めれば、他の集団（たとえば地域社会）のそれは弱められる。次に集団の成員数に着目すると、（三）個人に関して、かれの接触範囲が大となれば個々の他者との結合は弱まる。同じ理由から、集団内の結合の紐帯に関して、小集団は大集団よりも結合の度合いが高い。集団間の関係についてこれをみるときには、（四）社会内に多数の集団が噴出するようになると、個々の集団の団結は弱まる。最後に、（中略）（五）集団内部の結合の強さが大となるときには、集団外部との結合は弱まる」（富永、前掲書、347頁）。

125――高田保馬『民族耐乏』甲鳥書林、1943年、132頁。

126――共同社会／利益社会の区別は、いうまでもなくテンニースのゲマインシャフト（Gemeinschaft）／ゲゼルシャフト（Gesellschaft）から着想を得たものであるが、人口増加と結合定量の観点から説き直したところに高田の独創がある。

こそが真の問題であると指摘する。[127] 人口減少が民族の根幹に関わる問題だというのは、現代の少子化対策も、深層では共有している観念といえよう。

†「国民皆貧」で少子化対策

しかし、この先が凄い。高田は、少子化の処方箋として、利益社会化と生活標準の上昇を押しとどめ、全国民が貧乏に自足すれば出生率低下を食い止められるという「**国民皆貧論**」を提案するのである。

もっともそれは、絶対的な生活水準の上昇を否定するものではない。貧困はあくまで相対的生活標準の問題であり、その根幹にあるのは「上級の者はその欲望を満足せしめんがために、下級生活と自分の生活とのへだたりを、ますます大きくならしめようとする。それで、下層の人々の生活が改善せらるるほど、自分の生活標準を高める。従つて、いわゆる並みの生活の程度も高ま[128]る」という、力の欲望がもたらすメカニズムなのである。ここでは、生活標準をめぐる階層間の「追いかけっこ」が生じているのである。これはさしずめブルデューならば「ディスタンクシオン distinction」、ヴェブレンならば「衒示的消費 conspicuous consumption」とでも呼んだような事象であろう。

高田の国民皆貧論は、彼自身の民族主義的、愛国主義的思考に基づいており、有色人種たる日本民族が欧米列強の白人に対抗する手段として提起されたことはたしかである。ただし一国内でみれば、アルフレート・パレートのエリート周流論にも比肩しうる、階級的周流論というべき様相を呈することになった。というのも社会で支配的地位を占める階層では利益社会化、自尊の傾向、都市的で個人主義的な生活様式が進展するがゆえに出生率が低下する。都市部と農村部の出生率の差異も、これによって説明される。

†階級・民族の周流とは？

しかし重要なのは、低出生により空位になった階級的地位を、（高出生率の）下層階級出身者や農村出身者が占めるようになることである。もっともいったん支配的な地位に登りつめると、かれらもやがて出生率を低下させ、次世代の下層階級・農村出身者に取って代わられる。こうしてエリートや階級は周流し、世代を通した階級間の社会移動が行われる

127——高田保馬『人口と貧乏』日本評論社、１９２７年。
128——同右、23頁。

と高田はみていた。

同じような周流は、一国内の階級のみならず世界史規模での民族の興亡にも現れる。出生率の低下や人口減少は、軍事力を弱め、文弱安逸、沈滞の気風につながり、文化的活力や国力を低下させる。その結果が民族の凋落であり、後続する勃興民族がそれに取って代わる。これが高田の「**民族周流論**」である。[129] 1人あたりのGDPが高い、すなわち豊かな国ほど出生率が低いという現代の傾向も、高田が存命であれば、民族周流論によって説明を試みたであろう。

もっとも少子化や人口減少を防ぐためには「国民皆貧」が必要だというのは、高田の年来の主張ではあった。しかし、最初の少子化論から四半世紀が経過し、太平洋戦争が本格化する1942年に公刊された『民族耐乏』では、**平家物語的諦念**ともいうべき色合いが濃くなっていく。

このテクストでは盛者必衰、驕《おご》れるものは久しからず、貴族は即ち墳墓《ふんぼ》なり、売家と唐様で書く三代目、といった言葉が随所に使われ、「力あるものはやがて力あるがゆゑに衰へ、力なきものは力なきがゆゑに栄える」、「一の国家、一の民族の興隆はやがてそれ自体の中に衰亡への萌芽を蔵する」[130]と述べられるようになる。古代ギリシア、ローマの衰退、利益社会化・個人主義化する欧米列強の低出生率、そして今後人口を増大させていくであろうソビエトやチャイナへの警戒……。高田はこの時点で「社会の進みに於て遅れたるものが遅れたるが故に勝つ[131]」という境地に到達していたようにみえる。そして第二次世界大戦に日本が敗戦して以降、高田が人口問題に言及する機会は失われる。

†高田少子化論の現代的意義——その一

本書はここまで、新書としてはいささか異例なほどに、およそ100年前に提出された高田保馬の少子化論の再構成を試みてきた。それは生活水準と生活標準（＝生活期待水準）を理論的に峻別し、この二つの変数の関連に応じて、社会の最上層・下層・農村部での高出生率と、社会中層・都市部における少子化の発生と、その帰結としての民族周流を説明する理論であった。高田の少子化論は、現代の少子化問題を考えるにあたって、どのよう

129——高田保馬『民族論』岩波書店、1942年。
130——高田保馬『民族耐乏』甲鳥書林、1943年、15頁。
131——高田、同右、162頁。

な意義をもちうるだろうか。

第一に、生活標準と豊かさの関係に基づいて階級別の出生力の差異を説明する議論は、（1）豊かな国は出生率が低い、（2）都市は、農山村や村落部に比べて出生率が低い、（3）世帯収入の低い女性の子ども数は多い（貧乏人の子沢山）、（4）歴史的には、豊かな階層の子ども数は多い（金持ちの子沢山）という、出生率をめぐって歴史的かつ現代でも確認できる基本的な事実群を、理論的にすっきり説明する性能を備えている。もちろん現代の理論的、実証的、政治的価値判断に基づいて高田の議論を論難することは可能かもしれないし[132]、生活水準と生活標準、特に後者の指標を操作的に定義して、より数値や統計に即した議論を展開すべきだという批判はありうるかもしれない。

しかし、**（1）から（4）の出生率に関する基本的事実を統一的に説明する理論が他に存在しない以上、高田少子化論の優位性・優秀性は明らか**であろう。わが国の社会学者が100年近く前に、世界史的水準での出生率低下や民族の勃興にまで目配りしうる議論を提出しえている慧眼に、まずは驚嘆すべきである。

†高田少子化論の現代的意義――その二

第二に、高田の少子化の発生に関する説明は、現代の少子化対策を講じる人々の多くが見失ってしまったメカニズムに焦点を当てるものである。それは、単純な物質的豊かさではなく、「力の欲望」が増進させる生活標準（＝生活期待水準）の高まりこそが少子化につながるという社会学的ロジックであった。手前味噌で恐縮だがこれは、筆者がかつて、子育て支援や仕事と子育ての両立支援や結婚支援など現代の少子化対策が、これから結婚や子育てをしようとする人たちの結婚や子育てに対する期待水準を不可逆的に高めてしまい、かえってそれらから遠のかせると指摘した現象、すなわち「期待水準上昇効果」[133]を先取り

132——たとえば粗出生率しか問題にしていないこと、地域・都市単位の aggregate data しかみていないので生態学的誤謬の可能性があること、高田自身のイデオロギー的偏向や政治的責任など。前二者については統計学・人口学が発展していないことに伴う時代的な制約だが、3番目の論点について、高田が1940年代の人口政策確立要綱など、いわゆる「産めよ殖やせよ」の戦時期人口政策の中心人物のように評する向きには、異議を唱えておきたい。というのも高田の「少子化対策」は生活標準の低下と国民皆貧化を求めるのに対し、人口政策確立要綱は「人性人情の天然の発露、自然の開花」として結婚・出産を推奨しており、高田の論説とは正反対の理念に基づくからである。戦時期人口政策の政治理念は、むしろ「希望出生率」を達成せんとする現代の少子化対策に近い。詳しくは赤川学『子どもが減って何が悪いか！』ちくま新書、2004年、135頁。

133——赤川学、前掲書、145頁。

する議論であったように思われるのだ。

もっとも、いったん高めた期待水準は容易には下がらないというのは、社会福祉政策や少子化を論じる論者がこれまで指摘してきたことである。たとえば社会学者の上野千鶴子氏が介護の文脈で行った、「個室を経験した身体は、もとのように雑魚寝文化には戻れない」という指摘は卓抜なものであったし[134]、少子化の文脈でも、すでに山田昌弘氏が、結婚生活や子育てに対する期待水準の上昇がパラサイト・シングルを生み出す主要因であることを正しく指摘している[135]。

†現代の少子化対策の前提を疑う

本書がここまで確認してきたように、近年の少子化対策は「産みたくても産めない」というリアリティを強調し、本来より多くの子どもを産みたいカップルや女性に、なんらかの障害、すなわち仕事と育児の両立困難、子育て支援の不足、経済不況、不安定雇用の増大、収入格差などがあり、それらの要因を取り除けば、「希望」する子ども数を実現できるという前提に立ってきた。そして、これ以外の前提に立つ少子化対策は、political correctness に反するものとしてバッシングされる（たとえば中絶禁止、「産む機械」発言、

「女性は大学行かず、子どもを2人産め」という中学校長の発言など）[136]。

要するに、現在の少子化対策は結婚や出産や子育てに対する期待水準を高めるものしか許容されないし、そうであるかぎり実効性を確保することは難しい。逆説的ながら、それゆえにこそ「子どもが減って何が悪いか！」という叫びが必要になるのだ。

134——上野千鶴子『おひとりさまの老後』文春文庫、2011（単行本2007）年、85頁。
135——山田昌弘『少子社会日本』岩波新書、2007年、97-101頁。
136——たとえば2013年の年間中絶件数は約18・6万件と過去最少ながら、年間出生数の約2割に達するので、これを禁止すれば出生率が大幅に増加するとの見解は、少子化対策の有効性という観点からは否定しがたい。またブロガーのRootport氏によると、日本、インドネシア、タイ、バングラデシュなどのアジアの多くの国で乳児死亡率の低下につきしたがうように出生率の低下が生じている（Rootport『失敗すれば即終了！日本の若者がとるべき生存戦略』晶文社、2016年、150-153頁）。これは乳幼児死亡率が高い環境での少産は、次世代を残せないリスクを伴うからである。逆にいえば乳幼児死亡率が上昇するような「貧困化」をあえて推し進めれば、リスク回避のために出産が増える可能性がある。シングルマザーとその子どもへの貧困対策をやめて再婚を促すことにも同様の効果が期待できる。また男女の合意を前提とする婚活パーティよりも、特定の年齢までに結婚することを義務化し、それができない人には強制的に集団見合い婚させるほうが、出生率回復には効果的だろう。

このように単に子どもの数を増やしたい、合計特殊出生率を高めたいというだけなら、現在の少子化対策よりも〝有効な〟手段はいくらでもある。むろん筆者は、選択の自由が保障された公平な社会に生きたいので、これらすべての政策を否定する。しかしこれまで、少子化対策の有効性という基準にしたがって政策提言してきた人々は、これらの政策を批判する資格を原理的にもたない。

そもそも現代の少子化対策が想定しているのは、結婚や出産に伴う「機会費用」を埋め合わせれば、結婚や出産に「インセンティヴ」を与えれば、人（女性）は、合理的なコスト計算に基づいて結婚や出生行動を行うだろうという「経済学的人間像」である。

だが、このような経済学的人間像では説明できない事象を捉えようとするところにこそ、高田社会学の凄みがあったのである。そもそも社会学はその発祥以来、「個人の意識に外在し、拘束する」ものとしての社会的事実にターゲットをあててきた。[137] デュルケイムが、自殺率とほぼ同時に出生率を「社会的事実」の実例として掲げていることは示唆的であろう。出生率の変遷こそまさに、個人の希望や思惑を超えて集合的に進行する、社会的事実の典型なのである。私たちはこの不可思議な事象に向かい合うかけがえのない手がかりとして、高田保馬の少子化論に範を求めてきたのだった。

†高田少子化論から学ぶべきこととは？

もっとも第三に、よしんば高田の国民皆貧論のいう通り、少子化に歯止めをかけるためには国民全体が貧乏にならなければならないことが正しいとしても、高田がかつて推奨した政策を現代で実行する必要はない。そもそも少子化の発端は、実際の生活水準以上に生活期待水準が上昇してしまうという、ほとんど近代的人間の宿命というしかないメカニズムから生じているし、生活期待水準を下げることなしに生活水準だけを下げたところで、一層少子化を進めてしまうに終わる。

私たちが高田保馬の少子化論から学ぶべきは、よりよい結婚、出産、子育て、ワークライフバランスを求める現代の福祉的な対策では少子化に歯止めをかけることは難しいということである。

したがって私たちは、高田保馬が少子化対策として考えた国民皆貧政策を実行するのではなく、1940年代に高田が示した「平家物語的諦念」に則って、**少子化を受け入れ、それでも社会が回っていくようなしくみを考えなければならない。**

この観点からみれば、現在の日本でも比較的高い出生率を維持している地域、すなわち村落部のローカル家族や、世帯収入が低いにもかかわらず2人以上の子どもを産む可能性の高い夫婦を、生活期待水準上昇のメカニズムに巻き込まずに、産み続けてもらえるしく

137——Émile Durkheim, 1894, *Les Règles de la Méthode Sociologique*, Les Presses universitaires de France. ＝宮島喬訳『社会学的方法の規準』岩波文庫、1978年。

みを考える必要はあるだろう。[138] ただそれは、既存の「ワークライフバランス」や「地方創生」や「一億総活躍」のスローガンとは異なる形にならざるをえない。

「男女共同参画・ワークライフバランス・男性の育児参加・雇用政策・地方創生が充実すれば、子どもが増える」というのは、為政者にとっても国民にとっても耳あたりのよい、しかし少子化に歯止めをかけるという観点からは、実効性のないスローガンである。こうした**「都合のよい虚偽」を捨てて、出生率をめぐる「不都合な真実」に目を向けなければならない。**

138――ベック&ベック＝ゲルンズハイムは世界家族（グローバル家族）と標準家族（ナショナルな家族）を区別する。前者は国際結婚、結婚・家事労働移住、代理母など地理的・文化的な「遠距離の愛」によって、後者は異性愛の夫婦、生物学上の子ども、夫が稼ぎ手で妻が主婦という「近距離の愛」によって特徴づけられる家族である。後者は日本のフェミニズムが「近代家族」と呼んできたものとほぼ重なるが、これをナショナルな家族と名付け、国民国家との関連を示唆しているのがベックたちの慧眼とはいえる（Beck, U. & Beck-Gernsheim, F. 2011. *Fernliebe: Lebensformen in Globalen Zeitalter*, Suhrkamp Verlag.＝伊藤美登里訳『愛は遠く離れて』岩波書店、２０１４年）。

他方、ベックたちや日本のフェミニズムが、薄々気づきながらもうまく概念化できてこなかったのが、「近距離の愛」のなかでも、より狭い地域的な結合によって特徴付けられる「ローカル家族」であろう。地元仲間を愛し、半径10数キロメートルの範囲で行動し、貧しいながらも早婚多産で、「地元を捨てたら負け」という感覚で生きる「マイルド・ヤンキー」や「プア充」。あるいはドラマ「あまちゃん」（２０１３年）やＮＨＫのど自慢に表象される地方家族の現実。「近代家族」なるものは、たかだか20世紀の一時期、学者の狭い世界で注目を集めた家族形態に過ぎず、既存の近代家族論はローカル家族の現実に目が届いていなかった。

第6章

地方創生と一億総活躍で、子どもは増えるのか?

†波紋を呼んだ「増田レポート」

序章でも論じたように、2025年までに希望出生率1・8を達成するという政府の目標設定は、近年の少子化対策における「転機」というべきものであった。このとき「一億総活躍」担当大臣が新設されたのだが、そもそも「希望出生率1・8」という目標設定を行ったのは、日本生産性本部が設置した日本創成会議・人口減少問題検討分科会が行った、「ストップ少子化・地方元気戦略」（通称「増田レポート」）の提言であった（2014年[139]）。

元総務大臣で東京大学大学院客員教授の増田寛也氏を座長とし、人口学や経済学の専門家の有志からなる（とされる）この部会が行った提言は、マスコミ報道などでも大きく取り上げられた。

特に2025年までに希望出生率1・8、かつ2035年から2050年までに2・1という基本目標を達成できなければ、人口は減少の一途をたどり、20〜39歳女性が現在の半分以下になる自治体（消滅可能性都市）が896、つまり全体の49・8％になるという試算は、多くの人々に衝撃をもって受け止められた。

序章でみたような「希望出生率」の達成を政府目標にするという方針は、ここに端を発するとみてよい。事実、その後、刊行された『地方消滅』『地方消滅：創生戦略編』『東京消滅』などの新書はいずれもベストセラーになり、同年9月には地方創生担当大臣が任命され、まち・ひと・しごと創生本部が設置された[140]。

これに対して、従来から過疎や限界集落の問題を扱ってきた地域研究者からは反発の声も強い。

代表的な論説だけでも、①少子化対策を強く意識している増田レポートが「消滅可能性都市」の公表を通して、特定の地域に対する撤退の勧めとして機能していると説く農政学者・小田切徳美氏、②増田レポートにおける「選択と集中」の論理を批判し、「多様なものの共生」に可能性をみいだす社会学者・山下祐介氏、③増田レポートの予測が2011年以降の中山間地域における「田園回帰」の傾向を見落としているとする藤山浩氏、④

139――本章の内容は、赤川学「ストップ人口急減社会は可能か」（『人間会議』2014年夏号、2014年6月、126-131頁）を大幅に改訂したものである。

140――「まち・ひと・しごと創生本部」の英語表記は「Headquarter for Overcoming Population Decline and Vitalizing Local Economy in Japan」であり、直訳すれば「日本の人口減少を克服し、地方経済を活性化させる本部」となる。英語表記にはわりと率直に「地方創生」の本音が語られている。特に「人口減少の克服」という文言は、やはりそれまでの地方政策の範疇を超えるものだとみなせよう。

増田レポートにおける役所主導の発想と「経済の掟」や反省性の欠如を厳しく批判する経済評論家・上念司氏、⑤結婚や出産は人生哲学の一部であり、未婚率が高くなる現状では出生率2・07という目標は画餅に終わると論じる経済学者・松谷明彦氏など、「増田レポート」の不十分さを指摘する声は数多い[141]。

筆者も、その批判の殆どが正当であると認めるにやぶさかでない。

†画期的に女性中心的な論じ方

他方、増田レポートが有している少子化対策の特徴については、さらに検討が必要だと思われる。第一に、増田レポートは、20～30代の若年女性の移動、結婚、出産、子育ての動向に焦点を絞っている。これまでのように単純に合計特殊出生率を指標にするのではなく、若い女性が何人の子どもを産み、どの都市に居住するか、つまり地方に残るか都市に集中するかを重視している点で、画期的なまでに女性中心的な論じ方となっている。

たしかに女性の出生率が相対的に高い地域（地方）であっても、その女性が出産・子育て期に他の都市に転出すれば、もとの地域に女性や子どもは残らず、人口減少がその地域にもたらす弊害も解消されない。

増田寛也氏が『中央公論』2014年6月号で述べているように、「地域によって人口をめぐる状況は大きく異なる。人口減少を食い止めるために、出生率向上に主眼を置くべき自治体もあれば、人口流出の防止にこそ力を注ぐべき自治体もある」[142]。この提言にはみるべき点がある。なるほど低出生行動を生み出す「蟻地獄」であるにもかかわらず、若い女性を惹き寄せる大都市（東京、大阪、名古屋など）では出生率向上に取り組んだほうがよいだろう。また若い女性に転出され続けてきた地方都市は、流出防止に取り組むべきだろう。

さらに「人口減少社会だから、外国人労働者（移民）の受け入れ拡大！」という俗論に抗して、「出生率の不足分をカバーするような規模の移民を前提とすることは現実的でない」と釘を刺している点も評価できる。そもそも「東京一極集中に歯止めをかける」とい

141――小田切徳美『農村は消滅しない』岩波書店、2014年。山下祐介『地方消滅の罠』ちくま新書、2014年。山下祐介・金井利之『地方創生の正体』ちくま新書、2015年。藤山浩『田園回帰1%戦略』農山漁村文化協会、2015年。上念司『地方は消滅しない！』宝島社、2015年。松谷明彦『東京劣化』PHP新書、2015年。

142――増田寛也「ストップ人口急減社会」『中央公論』中央公論新社、2014年6月号。以下、引用はこの論文にしたがう。

う問題意識そのものは、増田レポートを批判する多くの論者にも共有されるものであろう。[143]

†「選択と集中」は逆効果

ただし、増田レポートが想定するように、若者にとって魅力ある中核都市を地方に作り、人口流出を食い止める「人口ダム」を作り、子育てや介護、福祉の資源と政策に関する「選択と集中」を行って、「コンパクトシティ」を実現すればよいという発想では、過疎対策や限界自治体などの地域政策としてだけでなく、少子化対策としてさえ逆効果となりかねないようにも思われる。

というのも増田レポートは、地方中核都市として選択されそうにもない地域、すなわち中山間地域や小規模市町村の平均子ども数は多い、という基本的事実を無視しているからである。

図6-1は、都市規模別にみた28~40歳未満の既婚女性の子ども数の平均であるが、18大都市や10万人以上の都市に居住する女性の子ども数にくらべて、「その他」すなわち10万人未満の市町村に居住する女性の子ども数ははるかに多い。これは端的にいって、**大都市や拠点都市よりも、小規模市町村のほうが子どもを産み育てやすい**という事実を示していい

る。増田レポートや地方創生は、こうした地域を「消滅」させても構わないという「選択と集中」の立場を取るので、全体としての出生率向上にはかえって逆効果となる懸念がある。

山下祐介氏がいう通り、「一般に農村・地方のほうが出生率は高く、大都市・首都圏で低いという事実を認めるのなら、人口を集めるべきは地方中核都市ではないはず」である。[144] 増田レポートを提出した論者たちは、一度としてこの問いに答えていない。

地域というコミュニティは生活の場であり、企業のようなアソシエーションとは異なって、

図6-1　都市規模別にみた子ども数の平均

（全国家族調査2008年、28-40歳未満の既婚女性）

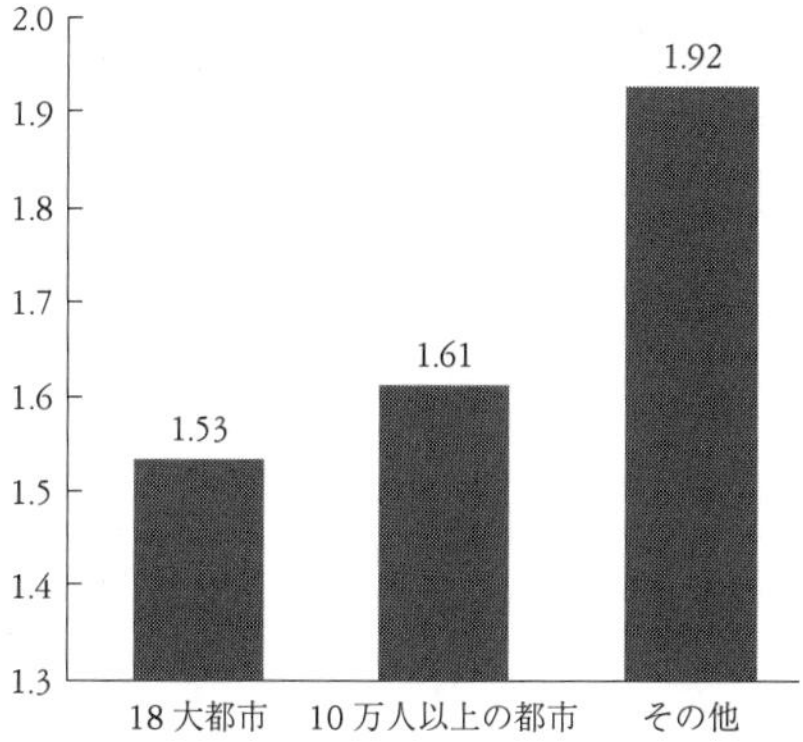

（筆者作成）

143——もっとも、人口や資源の一極集中を批判したはずの当人が、一極集中の極致たる東京の都知事選挙に出馬することになるとは、世の中、何が起こるかわからない。

144——山下祐介『地方消滅の罠』ちくま新書、2014年、50頁。

解散する自由も、倒産する自由もない。現在はほぼ限界集落となった地域で生まれ育った筆者もまた、「消滅させてよい地域など一つもない」という立場に立つわけだが、仮にその立場に立たないとしても、少子化対策としての実効性が確保できないのであれば、何のための「選択と集中」なのか、と問わざるをえないだろう。

†総花的な七つの政策リスト

また増田レポートは「ストップ少子化対策」として、以下のような政策のリストを列挙している。

①「若者・結婚子育て年収500万円モデル」を目指した雇用の安定
②結婚・妊娠・出産支援（公共機関による結婚機会提供、妊娠出産知識の普及、妊娠・出産・子育てワンストップ相談支援）
③子育て支援（待機児童解消、「保育施設付マンション」、ひとり親家庭支援）
④働き方改革（育休保障水準引き上げ、多様な「働き方」「企業別出生率」公表）
⑤多子世帯支援（子どもが多いほど有利になる税・社会保障、多子世帯住宅）

⑥男性の育児参加、育休完全取得、定時退社促進（残業割増率引き上げ）
⑦高齢優遇制度等の見直し（公的年金等控除）

これらの中には、少子化対策として効果があろうとなかろうと、人々の幸せを増進する社会福祉の観点から推進すべきものはある。しかしおおむね総花的で、毎年内閣府から公表されている『少子化社会対策白書』と比較しても目新しいものは少ない。どのような理屈で出生率の向上につながるのか、理解に苦しむものもある。これまで大して効果のなかった政策をより積極的に進めようというのだから、さほど効果が望めなくても致し方ない。

もっともこの七つの政策リストのうち、少子化対策として実効性という観点からかろうじて評価できるのは、①の「若者・結婚子育て年収500万円モデル」である。もし本当に、30代後半の夫婦が年収500万円で結婚でき、子ども2人以上を産み育てられるならば、日本の少子化問題の殆どは解決されるに違いない。だがそれは増田レポートが想定するような、非正規雇用のキャリアアップと処遇改善などの「雇用の安定化」によって達成されるわけではない（その理由は、第4章ですでに述べた）。

世帯年収500万円で、結婚と2人以上の子育てが可能になる世界がこの日本に存在するとすれば、それはおそらく、拠点都市ではない地方と、都市下層においてである。そこでは地域再生プランナーの久繁哲之《ひさしげてつの》介《すけ》氏がいうような「夫婦2人で1・5人分を稼ぐ」ライフスタイル、たとえば「半農半X」「ダウンシフト」と呼ばれるような生活や、地元にこもり、家族や仲間を大切にしながら早婚で子どもを2人以上もつ若者たち、すなわちマイルド・ヤンキーの生活世界が持続可能で、かつライフスタイルとして主流を占めていなければならない。

それは都会人の目からみれば、「貧乏人の子沢山」の世界にみえるかもしれないが、必要以上に生活期待水準を上昇させず、その代わりに結婚に消極的な男女に「徹底的に世話を焼く」コミュニティが存在し、「近居」しながらイクジィ（育児をする高齢男性）が子育て支援しやすい世界であるのかもしれない。[145,146]

だが、増田レポートにその観点は乏しいし、それ以外の政策リストに至っては、少子化対策としての有効性を認めることは難しいだろう。なぜならそれらは、結婚や出産に対する期待水準を高める方向にしか作用していないからである。

†「経済学的人間像」の限界

そもそも増田レポートにかぎらず、**日本の少子化対策を講じる論者には、政策によって結婚や出生行動を左右できるという思い込みが強すぎる。**ここ20年ほどの日本の少子化対策は、出産や子育てによるキャリアの中断や所得の減少を「機会費用」と捉え、そのコストを子育て支援や働き方改革によって軽減し、結婚や出産にインセンティヴを与えることを目指してきた。その背景には、得になると思えば出産し、損になると思えば出産しないという合理的な行為者、いわば「経済学的人間像」が想定されていたように思われる。

しかし人間は、さほど単純ではない。本書ですでに述べてきたように、出産や育児に対する社会的な支援は、それ自体としては否定すべきではないのはもちろんだが、当事者た

145――久繁哲之介『競わない地方創生：人口急減の真実』時事通信社、2016年、23頁。

146――「世話を焼くコミュニティ」の指標としてふさわしいのは、内閣府が2003年に公表した都道府県別のソーシャル・キャピタル指数（SC指数）であろう。この指数は合計特殊出生率との間に強い正の相関がある（自由度調整済み決定係数0.374、相関係数に直すと約0.62）。(http://www5.cao.go.jp/seikatsu/whitepaper/h19/01_honpen/html/07sh020201.html、2016年5月30日検索）。もっともSC指数は都市化の度合を示す人口集中地区（DID）居住比率とも強い相関があるので、この2変数を説明変数とし、合計特殊出生率を従属変数とする重回帰分析を行うと、SC指数がもたらす効果は都市化の効果に吸収される。つまり「都市化が進むと出生率は低下する」、「都市化が進むとSCは低下する」という二つの因果関係が存在するのみで、「SC自体が出生率を高める」とまではいえないようだ。

る女性の出産や育児に対する期待水準、すなわちよりよい出産、よりより育児への期待を高めるだけに終わってきた。政府が出産や育児を公的に支援すればするほど、現状の社会福祉的な少子化対策に対する不満をかえって強めてしまい、いっそうの公的支援を求めるようになってしまうのである。

実際、増田レポートが提出されてから2年弱たつが、待機児童の解消を政治問題化したり（2016年2月以降の「保育園落ちた、日本死ね！」問題など[147]）、より一層の子育て支援や働き方改革を求める風潮は以前にも増して強くなっている。待機児童の解消だけでなく、子ども手当、保育所義務化、高校・大学などの授業料無償化（ないし引き下げ）、給付型奨学金の拡充といった公的支援の充実などの政策は、社会福祉の観点から正当化しうるし、子育てや教育のコストに悩む夫婦にとって福音となることは間違いない。しかし、この国では「もう1人産む」という選択にはつながらない可能性が高い。

筆者はかつて、良かれと思って行ったはずの少子化対策が「結婚・育児・出産に対する期待水準の不可逆的向上」を招いてしまう事態を指摘してきた。また本書第5章でも、高田保馬の少子化論をもとに、生活期待水準を下げることの難しさを指摘した。おそらく、このメカニズムに歯止めをかけない限り、社会福祉的な少子化対策が実効性を高めることは難しい。

†二つの解決策を検証する

では、どうすればよいのか。高田保馬の少子化論に基づいてその解決策を案出するならば、**(α)結婚・出産・育児に対する期待水準の上昇を上回る程度・速度で生活水準を高めるか、(β)生活期待水準を高めずに生活水準を高めていく、の二つしかない**ことになる。前者αの路線は、理論的には可能だが、低成長を前提とせざるをえない現代の日本では難しいし、現状の少子化対策は不可避的に生活期待水準を高めてしまうので、画餅に終わる。だとすれば、βの路線、すなわち生活期待水準を高めずに、結婚・出産・育児にまつわる

147——そもそも自分が保育園の選考から漏れたから、「日本死ね!」などという、認識として錯誤し(まずは批判の宛先が間違っている。待機児童問題の所管は各自治体なので、「保育園落ちた、世田谷死ね!」というべきである)、自分に育児利権が回ってこなかったからといって他の人はどうなってもよいと言わんばかりの「ダークサイド」(佐藤優・宮家邦彦『世界史の大転換』PHP新書、2016年、221頁)に堕ちた言辞を、「何でも反対」の野党やマスコミだけでなく、保守政治を自認する政権与党までが国会で取り上げる現状では、いかなる社会福祉的な少子化対策も、サービス対象となる結婚・子育て世代の生活期待水準を必要以上に高めるだけに終わる。

生活水準を高めていくしかないのだが、現代の日本ではこれがなんとも難しいのだ。

別の言い方をしてみよう。一般に生活水準を高めるような少子化対策が奏功するかどうかは、ある社会において、「豊かになると子ども数を増やす」、つまりインセンティヴ（＝損得勘定）で行動する人間と、「豊かになると子ども数を減らす」、生活水準以上に生活期待水準を高める人間が、どの程度の比率で存在するかの問題に帰着するのかもしれない。

高田保馬は「豊かになると子ども数を減らす」のはもっぱら社会経済的地位の上昇を目指す中間層・上層の人間に多いと考えていた。逆にいえば、どれだけ期待水準が高まってもそれ以上に豊かである「富裕層」と、そもそも生活期待水準が低いので多くの子どもを産める「貧困層」の割合をともに増やし、社会の両極化（＝格差拡大）を一層過激に進めるならば、出生率は回復の傾向をみせるはずである。

ごく最近、山田昌弘氏は、少子化は階級分化しつつある社会の中で、中流生活からの転落という階級下降移動を回避するために生じるという仮説を提示している。階級社会の移行期に少子化が生じるのだとすれば、階級社会が完成し、「中流生活の経験がなく貧しい中で育った若い人々が増えれば、少子化は反転する」というのである。[148]

実際には、**中流生活からの「転落」ではなく、中流や上流生活への「上昇」を望むからこ**

そ少子化は進展するので、山田氏の説明では「金持ちの子沢山」と「貧乏人の子沢山」という現実を完全には説明できない。しかし社会が、少数の富裕層と、大多数の貧困層からのみ成り立つようになれば出生率は反転するという予測そのものは正しいだろう。山田氏はこれをアメリカ型の階級社会の完成と名づけているが、より理念型的には、サウジアラビアやカタールなど中東社会型の少子化克服のメカニズムといってよいであろう。

同時に山田氏は、北欧やベネルクス三国など、社会政策を充実させて、中流階級からの転落リスクを低下させるという、社会民主主義型・階層格差の拡大反転の方向性を提案している。その上で、正規・非正規の格差是正、女性の安定雇用の増大、社会保障の下支え、高等教育費の公費負担などの推進が「中流生活」の維持を可能にするというのだが、これは現代の少子化対策が四半世紀以上かけて推進し、失敗し続けてきた道でもある。ゆえに少なくとも今後の日本社会に適用してもうまくいかないだろう。

高田保馬が100年も前に明晰に分析したところでは、日本の中間層は「力の欲望」に動機づけられて、我が家庭の生活水準を他人と比較し、自らの生活期待水準を高めること

148——山田昌弘「階層下方移動と少子化」『世界思想』第43号、2016年、20-24頁。

によって、子ども数を減らしてきた歴史がある。このメカニズムに焦点を当てないかぎり、日本の少子化対策は、北欧やフランスにおける少子化対策の不格好な猿真似に終わらざるをえない。

†最低限の応急措置とは？

では、日本の少子化対策を奏功させるためには、どうしたらよいのだろうか。本来、「子どもが減って何が悪いか！」と「人口減少社会における滅びの美学」を提言してきた筆者には、このような問いに応答する義理は本来存在しない。しかし、それでは満足しないであろう読者に向けて、少なくとも、以下の三つの最低限の応急措置だけは、述べさせていただくことにしたい。

第一に、現在の人口減少を、「国家存亡の危機」だとか（保守陣営）、少子化対策の「最後のチャンス」（リベラル陣営。一例としてNHKスペシャル「私たちのこれから」取材班『超少子化』２０１６年）などと**不必要に煽らない**ことである。

このような切羽詰まった物言いは、現在の少子化対策が失敗したら「日本は即終了！」という絶望感を若者たちに与えてしまう。また、これらの言辞はあまりに脅迫的すぎて、多くの若者を結婚や出産からかえって遠ざけてしまいかねない。なによりもこれらの「危機」を過剰に強調する言説は、数千万人を超える人々が、遠い将来においてもこの列島でなりわいを続けていくという事実を軽視している。

第二に、**少子化対策を、政治家や官僚の手柄や政争の具にしない**ことである。

そもそもここ10年ほどを振り返っても、厚生労働大臣の「女性は産む機械」発言（2007年）、東京都議会での「早く結婚しろ」「子どもを産め」のヤジ事件（2014年）、「女性にとって最も大切なことは子供を2人以上産むこと」という中学校長の発言（2016年）、独身男性市長に「早く結婚を」という市議の発言（2016年）など、少子化を憂える特定方向の言説は、ポリティカル・コレクトネスの観点から過剰に批判され、炎上する。[149]だがそれを批判する側も一般には、福祉的な少子化対策を否定しない論者が多いので、彼らも筋が通っていない。

149——他方、現役の内閣総理大臣に対する「種無しスイカ（カボチャ）」発言（2006年）など、首相に子どもがいないこと自体を揶揄したと受け取られても仕方ない言辞は、あまり炎上した形跡がない。本来はこれらの発言のほうが、よほど悪質なセクハラないし名誉毀損案件というべきだろう。

そもそも筆者にいわせれば、**あらゆる少子化対策が、結婚しない、子どもを産まないという選択をした人々にとっては「国家によるセクハラ」**であり、「子無し税」の徴収というべき側面を有している。少子化対策という価値にコミットする保守もリベラルも本来、同じ穴のムジナであり、争うべきはその有効性のみということになろう。

たとえば男性の家事分担を少子化対策として推進すべきとしながら、「近居」や「三世代同居」支援を批判するような論法は、論理的一貫性に欠けるダブル・スタンダードといわれても仕方ない。少子化対策という価値を信奉する者は、両者がともに出生率上昇に効果的ならば両方とも採用すべきだし、効果的でないならば両方とも否定すべきだろう。そもそも「男性の家事分担」も「三世代同居」も、家事・育児の分担を家族内化するという点において、「育児の社会化」に逆行している。片方だけを推進するのは、イデオロギー的偏向というべきであろう。

†ステルス支援のすすめ

第三に、これはすぐにでも実行可能なことだが、**さまざまな福祉支援・経済対策を少子化対策の名のもとに行うことをやめる**ことである。

少子化対策の正義論的根拠については本書では深くは触れていないが、筆者自身は、子どもを産んだ人がそうでない人よりも福祉的な支援を受けとることを正当化する倫理的・実証的根拠はどこにもないと考えている。**少子化対策を奏功させたいのであれば、居丈高にならず、悲観も楽観もせず、静謐に、誰もが等しく尊重される世界の中で人々が生きられる世界を追求するべき**なのだ。**選択の自由が保障され、経済の持続的な成長が確保され、誰に対しても公平な制度を準備し、誰もが等しく幸せに生きられる社会を作り上げることのほうが、はるかに優先度の高い政策課題**である。

そのような哲学のもとになされる政策や支援は、もはや少子化対策ではなく、ステルス支援とでも呼ばれるべきである。なるだけひっそりと、黙々と実績を積み上げるステルス戦闘機のごとくに行われる福祉政策であれば、生活期待水準を高めずに、生活水準だけを上げることができるかもしれない。このとき、多くの人が子どもを増やしうるチャンスが生まれるはずだ。

もっとも、その具体的な政策のありかたをここで示すことはできない。なぜなら具体的に示してしまったら、そもそも「ステルス支援」ではなくなってしまうからだ。2016年のNHK大河ドラマ『真田丸』に登場する智将・真田昌幸は、「韓信が発明した背水の陣、には敵に背後から攻めさせない隠れた意図がある」という趣旨のことを述べたあと、「しかし韓信はばかだ。背水の陣のまことのねらいを全て見抜かれておるではないか。そんなことまで書物に書かれては、もう誰も背水の陣なんかできんわ」と喝破する（第35回「犬伏」）。

これはまさにその通りで、「背水の陣」と同じく、ステルス支援は、その「まことの狙い」を見抜かれてはいけないのである。ましてや書物に書き記すこともできない（笑）。

そんなわけで、**「誰もが少子化対策を声高に叫ばないような日が来たときに、この日本列島においても、出生率は静かに回復していく**だろう」と予言するにとどめて、擱筆《かくひつ》させていただきたい。

あとがき

本書は、筆者が12年前に出版した『子どもが減って何が悪いか！』Part II、あるいは『帰ってきた「子どもが減って何が悪いか！」』というべき内容の本である。

なるべく二番煎じにならないように配慮したつもりだが、それでも前著と主張が似ている面があるとすれば、それはおそらく、この12年の間に、少子化をめぐる政策と言説の風景が大きく変化しなかったからに違いない……。そういうことにしておいてください。

本書でも縷々《るる》述べてきたように、少子化は、日本社会が都市化し、生活水準を高め、それ以上に生活期待水準を高めてきたことの必然的な帰結であって、ことさら憂うべきことでも、悲しむべきことでもない。そもそも日本は、少子高齢化にせよ無縁社会にせよ、近代社会の「恍惚と不安」を、欧米以上に先進的に具現している社会であって、他国が採用している解決策に範を求めたところで、そこに解はない。条件の違いに配慮せず、他国の政策を盲目的に崇拝するのは、むしろ「ないものねだり」の一変種というべきであろう。

逆説的なことだが、日本社会が少子化に悲観も楽観もしない態度を持ちえた時にはじめて、少子化問題は終焉するであろう。本書ではそのことを論じたかった。

では、現在の少子化をめぐる政策や言説に欠けている態度とは何か。端的に言って、明石家さんま師匠がしばしば述べる、「生きてるだけでまるもうけ」の精神に欠けているのではなかろうか。

ちょうど本書を書き始めることを決意したとき、『しくじり先生』という素晴らしい番組をみた。その日は、アナウンサーの小林麻耶氏が「しくじり先生」として教壇に立ったのだが、かつて小林氏自身がメインキャスターを務めた番組が1年で終了せざるをえなかったことをさんま師匠に嘆いたとき、彼は、「1年ももってよかったじゃないか、すごいことだ」と述べたという（2016年2月22日放送）。筆者はパソコンを叩いていた手を止めて、思わず「ハッとしてグッときて」、テレビ画面に釘付けになった。1年ももたない番組などいくらでもある、生きてるだけで丸もうけなのだという、さんま師匠の人生哲学は、小林麻耶氏を救っただけでなく、これからの日本社会に必要な「心の習慣」というべきものではなかろうか。

筆者なりに言い換えれば、私たちがこの日本列島で生まれ、育ち、生きていくこと自体が『ありふれた奇跡』（山田太一氏脚本の2009年テレビドラマの題名）の連続であることに思い至るかどうかが、一つのポイントなのである。いま以上、それ以上、求めることをやめたとき、少子化をめぐる言説の風景は変わっていくと信じている。

それはともかく、本書を完成させるにあたっては、三度ちくま新書編集部の石島裕之さんに多大なるお世話になった。『子どもが減って……』の出版以降、さまざまな論争に巻き込まれて日々を憂い、前著『明治の「性典」を作った男』を書いて本業とするセクシュアリティの歴史研究の世界に立ち戻ろうとしていた筆者を、再びこの戦場に連れ戻し、「たまには火薬の臭いを嗅ぐのも悪くない」（『装甲騎兵ボトムズ』第18話「急変」予告）という気分にさせて下さったのは、石島さんのおかげである。ただし、炎の臭いが染み付いてむせるのも、病んだ魂が戦いに安息を求めるようになるのも、実はあまり本意ではない。「そっとしておいてくれ、明日につながる今日くらい」といいたい気分である。

ちなみに本書の題名「これが答えだ！　少子化問題」は、石島さんからのご提案による。本書の最終段階で題名を決めるのに四苦八苦していたとき、いくつか提示していただいた候補の中に、この書名があったのだ。実は筆者は、1997年にフジテレビ系列で放映された『それが答えだ！』（戸田山雅司・脚本。天才指揮者・「マエストロ」鳴瀬望〈三上博史・

演）が甲斐駒ケ岳ふもとの中学生に音楽を教え、自らも成長していく、涙腺決壊必須のストーリー。深田恭子、藤原竜也、吉野紗香、小栗旬らの実質的デビュー作でもある）というテレビドラマを死ぬほど愛好しており、１９９０年代最高のドラマと確信していた。これにちなんだ本書の名前を提示していただいたとき、「定めとあれば、心を決める」ことにした。
また２０１６年、教師生活21年目にして、はじめて特別研究休暇を取らせていただき、研究に専念する時間を与えてくださった東京大学大学院人文社会系研究科・社会学研究室のスタッフならびに同研究科長・熊野純彦氏、そして何より、少子化や人口減少をめぐって議論し、考える機会を与えてくださったすべての皆さまに、感謝の気持ちを捧げたい。

２０１６年10月

赤川 学

ちくま新書
1235

これが答《こた》えだ！ 少子化《しょうしか》問題《もんだい》

二〇一七年二月一〇日 第一刷発行
二〇二三年四月二〇日 第二刷発行

著者 赤川学（あかがわ・まなぶ）

発行者 喜入冬子
発行所 株式会社 筑摩書房
東京都台東区蔵前二-五-三 郵便番号一一一-八七五五
電話番号〇三-五六八七-二六〇一（代表）
装幀者 間村俊一
印刷・製本 株式会社 精興社

ISBN978-4-480-06936-8 C0236

ちくま新書

623 **1968年** 絓《すが》秀実

フェミニズム、核家族化、自分さがし、地方の喪失などに刻印された現代社会は「1968年」によって生まれた。戦後日本の分岐点となった激しい一年の正体に迫る。

720 **いま、働くということ** 大庭健

仕事をするのはお金のため？ それとも自己実現？ 不安定就労が増す一方で、過重労働にあえぐ正社員たち。現実を踏まえながら、いま、「働く」ことの意味を問う。

819 **社会思想史を学ぶ** 山脇直司

社会思想史とは、現代を知り未来を見通すための、過去の思想との対話である。近代啓蒙主義からポストモダニズムまで、その核心と限界が丸ごとわかる入門書決定版。

1039 **社会契約論**
――ホッブズ、ヒューム、ルソー、ロールズ 重田園江

この社会の起源には何があったのか。ホッブズ、ヒューム、ルソー、ロールズの議論を精密かつ大胆に読みなおし、近代の中心的思想を今に蘇らせる清冽な入門書！

457 **昭和史の決定的瞬間** 坂野潤治

日中戦争は軍国主義の後ではなく、改革の途中で始まった。生活改善の要求は、なぜ反戦の意思と結びつかなかったのか。日本の運命を変えた二年間の真相を追う。

1146 **戦後入門** 加藤典洋

日本はなぜ「戦後」を終わらせられないのか。その核心にある「対米従属」「ねじれ」の問題の起源を世界戦争に探り、憲法九条の平和原則の強化による打開案を示す。

1184 **昭和史** 古川隆久

日本はなぜ戦争に突き進んだのか。私たちは、何を失い、何を手にしたのか。開戦から敗戦、復興、そして高度成長へと至る激動の64年間を、第一人者が一望する決定版！

ちくま新書

085 日本人はなぜ無宗教なのか　阿満利麿

日本人には神仏とともに生きた長い伝統がある。それなのになぜ現代人は無宗教を標榜し、特定宗派を怖れるのだろうか？　あらためて宗教の意味を問いなおす。

465 憲法と平和を問いなおす　長谷部恭男

情緒論に陥りがちな改憲論議と冷静に向きあうには、そもそも何のための憲法かを問う視点が欠かせない。この国のかたちを決する大問題を考え抜く手がかりを示す。

1005 現代日本の政策体系――政策の模倣から創造へ　飯尾潤

財政赤字や少子高齢化、地域間格差といった、わが国の喫緊の課題を取り上げ、改革プログラムのための思考を展開。日本の未来を憂える、すべての有権者必読の書。

1195 「野党」論――何のためにあるのか　吉田徹

野党は、民主主義をよりよくする上で不可欠のツールだ。そんな野党に多角的な光を当て、来るべき野党を、これからの対立軸を展望する。「賢い有権者」必読の書！

1199 安保論争　細谷雄一

平和はいかにして実現可能なのか。安保関連法をめぐる激しい論戦のもと、この重要な問いが忘却されてきた。外交史の観点から、現代のあるべき安全保障を考える。

710 友だち地獄――「空気を読む」世代のサバイバル　土井隆義

周囲から浮かないよう気を遣い、その場の空気を読もうとするケータイ世代。いじめ、ひきこもり、リストカットなどから、若い人たちのキツさと希望のありかを描く。

718 社会学の名著30　竹内洋

社会学は一見わかりやすそうで意外に手ごわい。でも良質の解説書に導かれれば知的興奮を覚えるようになる。30冊を通して社会学の面白さを伝える、魅惑の入門書。

ちくま新書

772
学歴分断社会
吉川徹
格差問題を生む主たる原因は学歴にある。そして今、日本社会は大卒か非大卒かに分断されてきた。そのメカニズムを解明し、問題点を指摘し、今後を展望する。

787
日本の殺人
河合幹雄
殺人者は、なぜ、どのように犯行におよんだのか。彼らにはどんな刑罰が与えられ、出所後はどう生活しているか……。仔細な検証から見えた人殺したちの実像とは。

817
教育の職業的意義
——若者、学校、社会をつなぐ
本田由紀
このままでは、教育も仕事も、若者たちにとって壮大な詐欺でしかない。教育と社会との壊れた連環を修復し、日本社会の再編を考える。

939
タブーの正体!
——マスコミが「あのこと」に触れない理由
川端幹人
電力会社から人気タレント、皇室タブーまで、マスコミ各社が過剰な自己規制に走ってしまうのはなぜか?『噂の眞相』元副編集長がそのメカニズムに鋭く迫る!

937
階級都市
——格差が街を侵食する
橋本健二
街には格差があふれている。古くは「山の手」「下町」と身分によって分断されていたが、現在もその構図は変わっていない。宿命づけられた階級都市のリアルに迫る。

995
東北発の震災論
——周辺から広域システムを考える
山下祐介
中心のために周辺がリスクを負う「広域システム」。その巨大で複雑な機構が原発問題や震災復興を困難に追い込んでいる現状を、気鋭の社会学者が現地から報告する。

1020
生活保護
——知られざる恐怖の現場
今野晴貴
高まる生活保護バッシング。その現場では、いったい何が起きているのか。自殺、餓死、孤立死……。追いつめられ、命までも奪われる「恐怖の現場」の真相に迫る。

ちくま新書

1038
1995年
速水健朗

1995年に、何が終わり、何が始まったのか。大震災とオウム事件の起きた「時代の転機」を読みとき、その全貌を描く現代史！　現代日本は、ここから始まる。

1091
もじれる社会
——戦後日本型循環モデルを超えて

本田由紀

もじれる＝もつれ＋こじれ。行き詰まり、悶々とした状況にある日本社会の見取図を描き直し、教育・仕事・家族の各領域が抱える問題を分析、解決策を考える。

1100
地方消滅の罠
——「増田レポート」と人口減少社会の正体

山下祐介

「半数の市町村が消滅する」は嘘だ。「選択と集中」などという論理を振りかざし、地方を消滅させようとしているのは誰なのか。いま話題の増田レポートの虚妄を暴く。

701
こんなに使える経済学
——肥満から出世まで

大竹文雄編

肥満もたばこ中毒も、出世も談合も、経済学的な思考を上手に用いれば、問題解決への道筋が見えてくる！　経済学のエッセンスが実感できる、まったく新しい入門書。

785
経済学の名著30
松原隆一郎

スミス、マルクスから、ケインズ、ハイエクを経てセンまで。各時代の危機に対峙することで生まれた古典には混沌とする経済の今を捉えるためのヒントが満ちている！

973
本当の経済の話をしよう
若田部昌澄
栗原裕一郎

難解に見える経済学も、整理すれば実は簡単。わかりやすさで定評のある経済学者・若田部昌澄に、気鋭の評論家・栗原裕一郎が挑む、新しいタイプの対話式入門書。

068
自然保護を問いなおす
——環境倫理とネットワーク

鬼頭秀一

「自然との共生」とは何か。欧米の環境思想の系譜をたどりつつ、世界遺産に指定された白神山地のブナ原生林を例に自然保護を鋭く問いなおす新しい環境問題入門。

1234
デヴィッド・ボウイ
――変幻するカルト・スター
野中モモ
ジギー・スターダストの煌びやかな衝撃、『レッツ・ダンス』の世界制覇、死の直前に発表された『★』……常に変化し、世界を魅了したボウイの創造の旅をたどる。

1141
これでいいのだ！　瀬尾ごはん
――台所まわりの哲学〈カラー新書〉
瀬尾幸子
料理は、がんばらなくていい。些細な料理だからこそ、素材の旨さも生きるし、心身がほっとして活力がわく！今日から台所に立つための、入門書。

1135
ひらく美術
――地域と人間のつながりを取り戻す
北川フラム
文化で地方を豊かにするためにはどうすればいいのか。約50万人が訪れる「大地の芸術祭　越後妻有アートトリエンナーレ」総合ディレクターによる地域活性化論！

966
数学入門
小島寛之
ピタゴラスの定理や連立方程式といった基礎の基礎を出発点に、美しく深遠な現代数学の入り口まで到達する道筋がある！　本物を知りたい人のための最強入門書。

739
建築史的モンダイ
藤森照信
建築の歴史を眺めていると、大きな疑問がいくつもわいてくる。建築の始まりとは？　そもそも建築とは何なのか？　建築史の中に横たわる大問題を解き明かす！

1042
若者を見殺しにする日本経済
原田泰
社会保障ばかり充実させ、若者を犠牲にしている日本経済に未来はない。若年層が積極的に活動し、失敗しても取り返せる活力ある社会につくり直すための経済改革論。

1040
ＴＶディレクターの演出術
――物事の魅力を引き出す方法
高橋弘樹
制約だらけのテレビ東京ではアイディアが命。「ＴＶチャンピオン」「ジョージ・ポットマンの平成史」などのディレクターによる、調べる・伝える・みせるテクニック。

565
使える！ 確率的思考
小島寛之
この世は半歩先さえ不確かだ。上手に生きるには、可能性を見積もり適切な行動を選択する力が欠かせない。確率のテクニックを駆使して賢く判断する思考法を伝授！

065
マクロ経済学を学ぶ
岩田規久男
景気はなぜ変動するのか。経済はどのようなメカニズムで成長するのか。なぜ円高や円安になるのか。基礎理論から財政金融政策まで幅広く明快に説く最新の入門書。

1163
家族幻想
——「ひきこもり」から問う
杉山春
現代の息苦しさを象徴する「ひきこもり」。閉ざされた内奥では何が起きているのか？〈家族の絆〉という神話に巨大な疑問符をつきつける圧倒的なノンフィクション。

1113
日本の大課題 子どもの貧困
——社会的養護の現場から考える
池上彰編
格差が極まるいま、家庭で育つことができない子どもが増えている。児童養護施設の現場から、子どもの貧困についての実態をレポートし、課題と展望を明快にえがく。

1078
日本劣化論
笠井潔
白井聡
幼稚化した保守、アメリカと天皇、反知性主義の台頭、左右の迷走、日中衝突の末路……。戦後日本は一体どこまで堕ちていくのか？ 安易な議論に与せず徹底討論。

1067
男子の貞操
——僕らの性は、僕らが語る
坂爪真吾
男はそんなにエロいのか？ 初体験・オナニー・風俗・童貞など、様々な体験を交えながら、男の性の悩みを一刀両断する。学校では教えてくれない保健体育の教科書。

1027
商店街再生の罠
——売りたいモノから、顧客がしたいコトへ
久繁哲之介
「大型店に客を奪われた」は幻想！ B級グルメ、商店街を利用しない公務員、ゆるキャラなど数々の事例から、商店街衰退の真実と再生策を導き出す一冊。

ちくま新書

971
夢の原子力
——Atoms for Dream
吉見俊哉
戦後日本は、どのように原子力を受け入れたのか。核戦争の「恐怖」から成長の「希望」へと転換する軌跡を、緻密な歴史分析から、ダイナミックに抉り出す。

947
若者が無縁化する
——仕事・福祉・コミュニティでつなぐ
宮本みち子
高校中退者、若者ホームレス、低学歴ニート、世の中から切り捨てられ、孤立する若者たち。彼らを社会につなぎとめるために、現状を分析し、解決策を探る一冊。

923
原発と権力
——戦後から辿る支配者の系譜
山岡淳一郎
戦後日本の権力者を語る際、欠かすことができない原子力。なぜ、彼らはそれに夢を託し、推進していったのか。忘れ去られていた歴史の暗部を解き明かす一冊。

904
セックスメディア30年史
——欲望の革命児たち
荻上チキ
風俗、出会い系、大人のオモチャ。日本には多様なセックスが溢れている。80年代から10年代までの性産業の実態に迫り、現代日本の性と快楽の正体を解き明かす！

802
心理学で何がわかるか
村上宣寛
性格と遺伝、自由意志の存在、知能のはかり方……。これらの問題を考えるには科学的方法が必要だ。俗説や疑似科学を退け、本物の心理学を最新の知見で案内する。

659
現代の貧困
——ワーキングプア／ホームレス／生活保護
岩田正美
貧困は人々の人格も、家族も、希望も、やすやすと打ち砕く。この国で今、そうした貧困に苦しむのは「不利な人々」ばかりだ。なぜ？ 処方箋は？ をトータルに描く。

317
死生観を問いなおす
広井良典
社会の高齢化にともなって、死がますます身近な問題になってきた。宇宙や生命全体の流れの中で、個々の生や死がどんな位置にあり、どんな意味をもつのか考える。

ちくま新書

1185
台湾とは何か
野嶋剛
国力において圧倒的な中国・日本との関係を深化させる台湾。日中台の複雑な三角関係を波乱の歴史、台湾の社会・政治状況から解き明かし、日本の針路を提言。

1071
日本の雇用と中高年
濱口桂一郎
激変する雇用環境。労働問題の責任ある唯一の答えは「長く生き、長く働く」しかない。けれど、年齢が足枷になって再就職できない中高年。あるべき制度設計とは。

1050
知の格闘
――掟破りの政治学講義
御厨貴
政治学が退屈だなんて誰が言った？ 行動派研究者の東京大学最終講義を実況中継。言いたい放題のおしゃべりにゲストが応戦。学問が断然面白くなる異色の入門書。

1033
平和構築入門
――その思想と方法を問いなおす
篠田英朗
平和はいかにしてつくられるものなのか。武力介入や犯罪処罰、開発援助、人命救助など、その実際的手法と背景にある思想をわかりやすく解説する、必読の入門書。

943
政治主導
――官僚制を問いなおす
新藤宗幸
なぜ政治家は官僚に負けるのか。機能麻痺に陥っている行政組織をどうするべきか。政策決定のプロセスから人事システムまで、政官関係の本質を問いなおす！

655
政治学の名著30
佐々木毅
古代から現代まで、著者がその政治観を形成する上でたえず傍らにあった名著の数々。選ばれた30冊は混迷を深める時代にこそますます重みを持ち、輝きを放つ。

1014
学力幻想
小玉重夫
日本の教育はなぜ失敗をくり返すのか。その背景には、子ども中心主義とポピュリズムの罠がある。学力をめぐる誤った思い込みを抉り出し、教育再生への道筋を示す。